青锋笔谈

——话说全面从严治党

赵青云　著

人民出版社

目　录

前　言

　　推动全面从严治党向基层延伸，是保持党同人民群众血肉联系的必然要求，是强基固本之策。党的十九大以来，以习近平同志为核心的党中央高瞻远瞩，深谋远虑，扎实做好抓基层强基础的工作，让老百姓切身感受到正风反腐的红利，不断夯实了党的执政根基。

　　《青锋笔谈》紧扣基层党建这一主题，坚持从群众的视角出发，应时代之大势，聚民间之智慧，忠实记录了落实全面从严治党以来，基层的变化、现状以及思考。文章选题贵在接地气，贴近社会、贴近生活，想群众之所想，言群众之所言，急群众之所急，努力为群众而写，为人民而作；立意做到庄谐并重，以无所畏惧的直言、敢想敢说的气势、独具一格的见地、忧国忧民的情怀，通过严肃的主题，轻松的笔法，批判思想中的痼疾、现实中的尘垢，剖析虚伪和腐败的深层根源，抨击丑恶，弘扬正气；行文力求言之有物、言之有理、言之有识，雅俗共用，幽默诙谐，曲折冷峭，描绘人物入木三分、言官论政一针见血、针砭时事一语中的，嬉笑怒骂皆成文章。

　　希望大家翻看本书后，能够对中央的精神有更深的领会，对身边的事物有更新的认识，对投身全面从严治党部署有更实的实践，不断加强廉政自律意识，永葆共产党人清正廉洁的政治本色。

谈古说今

香远益清亭亭，
净植可远观
而不可亵玩焉

从诸葛亮的事必躬亲谈起

在四大名著之《三国演义》中，尽管诸葛亮被打造成中华民族智慧的象征，但也难免缺陷。尤其在他治蜀期间，看似事必躬亲，实是事无巨细地大包大揽，而这从现代视角来看，即是官僚主义的一种体现。

诸葛亮身兼数职，封武乡侯、益州牧、顾命大臣，还是三军统帅，同时又是制定战略战术的军师。在具体工作中，小至校对文书、检查账目、处罚士兵等一切琐碎之事，他都亲自过问、亲自裁决、亲自处理，"罚二十以上皆亲揽焉。"正如他自己所说，"鞠躬尽瘁，死而后已"。陈寿在《三国志》中评论其："政事无巨细，咸决于亮"，"事无巨细，亮皆专之"。

诸葛亮之所以事必躬亲，有其一定原因：一是大志大才，蜀中无出其右者，没办法，不得不亲力亲为。七擒孟获时，王连劝诸葛亮不必亲自去，诸葛亮说："虑诸将才不及己。"一种可怜的无奈之举，久而久之就成为一种习惯，一种风格。二是三顾之情，托孤之恩，忠义使然，只能义无反顾。刘备临死托孤时对诸葛亮说："若嗣子可辅，辅之；如其不才，君可自取。"话说到这种程度，诸葛亮怎能不"竭股肱之力，效忠贞之节，继之以死"。所以白"受命之日，寝不安席，食不甘味，思惟北征"。事实也证明，诸葛亮是用全部生命来效忠刘备、辅佐刘禅的。

　　而当今社会上，也有些干部德不若诸葛亮之一毫，能不及诸葛亮之万一，而大包大揽起来却有过之而无不及。

　　领导大包大揽，表面看上去抓改革、抓建设，忙得不亦乐乎，而实际上却是在贻误发展、影响发展、拖后发展，会带来诸多负面影响。其中影响最深远的有两方面：一是民主氛围的消失。大包大揽的干部，往往都是独断专行，听不见，甚至听不得不同意见，不能集思广益。刘备托孤之后，由于"事无巨细，咸决于亮"，在一些有争议的问题上，诸葛亮又不能采纳别人的意见，如违众意用马谡而失街亭等，出现了一些失误。大包大揽的干部一般都自视较高，觉得同僚、下属的能力、观点都远不如自己，提的意见建议都没有自己考虑得全面、系统、到位，于是容易越俎代庖，一管到底，视他人如无物。甚至觉得别人一进门汇报，就已经猜到他想说什么，多说无益，就轻易地堵住了对方的嘴。如此一久，再无人提建议，民主的氛围消失了，再有多规范的程序和形式，也不过是个空壳罢了。

　　还有一个很恶劣的影响就是用人不当，人才凋零。一个单位也好，一个国家也好，人才是基础、是关键、是保障。在用人上，蜀难以比魏：像张辽、张绣等武将都曾大败曹操，像贾诩、许攸等谋士都来自敌营，像陈琳这样的文士曾骂得曹操体无完肤，但最终都能为曹操所用，而且人尽其才。而一般的才智轻易不会来投诸葛亮，更要命的是，即使来了也未必能派上用场，最终落得"蜀中无大将，廖化作先锋"的下场。

　　"水至清则无鱼，人至察则无徒。"如果求全责备，就会落得无人可用，而有些领导干部，更是会用自己的标准去套用人。在我地盘，只此一家，不能有其他分号。如此一来，就只会培养那些善于察言观色、投机取巧者，他们会把所有心思都放在琢磨你的身上，对你的说话方式、关注重点、生活习惯、兴趣爱好进行反复研究，看你看过的书，学你说过的话，不断地投你所好，说你想听的，做你想做的，甚至你还没想到，就已经为你妥妥当当地安排好了。然而，"巧言令色鲜矣仁"，豢养了这么一批"身边人"，形成了一个个小圈子，互相吹捧和勾连，整天享受着奉承与恭维。殊不知，小人近而仁者远，一旦用人的导向和风气开始变质，这个单位的根基就已经动摇了。

而这样的领导，往往对那些以工作为重，以百姓为重，却不以领导为重的干部，会一味地吹毛求疵，洗垢求瘢。把合不合心意作为评价工作的标准。用一句打油诗来表达："我说一来就是一，我要往西就往西。总觉手下不成器，事事让我费心机。我已尽心又尽力，样样都已管到低，处处不让我满意，看来原因全在你。"

因此，习近平总书记说："时间只能是见缝插针。在这个时候，就要学会什么该做，什么不该做；什么该管，什么不该管。管多了，绝对会管出麻烦来，大包大揽也是官僚主义。"①

---

① 《习近平与记者陈鹏的谈话》，《时代潮》2000 年第 8 期。

虚文误实事

史载，甲午海战后，"来远"舰的大副张哲荣曾反思："我军无事之秋，多尚虚文，未尝讲求战事。在防操练，不过故事虚行。故一旦兵兴，同无把握……"他将战败的原因之一归为尚虚而误实，归为形式主义盛行。

所谓"虚文"，亦即不切实际的无用文字。虚行则指没有意义的礼节。虚文、虚行，此两种皆可归类到形式主义之行列。形式主义最直接的祸害就是浪费了干实事、创实业的时间、精力和资源，形成了尚虚的氛围和文化，其后果是极其严重的。倘若将其放回历史的特定年代，更能感受到，这种不遵循客观规律、不尊重实际情况的作风，会导致亡国，会成为民族耻辱的导火索。

北洋水师后期，军事训练已形同虚设，常常为了应付上级视察而弄虚作假。打靶演习时，会"预量码数，设置浮标，遵标行驰。码数已知，放固易中"。据统计，在关键的黄海海战中，日舰平均中弹11.17发，而北洋各舰平均中弹107.71发，如此之兵，怎打胜战。

时至今日，再来看形式主义问题，恐怕没人敢说已然绝迹，而是演变成新的"模式"开始出现。虽不至于兵败身死，但一样是劳百姓之命、伤国家之财。

旗号打得最醒目的是"贯彻上级精神，要体现政治意识"。于是照本宣科有了正当理由，以文传文、以会传会有了新的借口。于是层层传达、照猫画虎、依样学样又开始盛行，上级讲面上的工作，我绝不讲点上的事；上级明确理论层面的要求，我绝不提操作层面的事；上级谋大抓总，我落个轻松。于是出现问题不用再分析，因为上级已有说法；存在困难不用再反映，因为上级已有定论；实际情况不用再结合，因为上级已经明确。总之一句话：不管对不对，照着样子做肯定对；不管行不行，不跟着做肯定就不行。

紧跟其后的旗号是"按规定来，要体现规矩意识"。于是群众的脸色不用看，按照规定来就行；该动的脑筋不用动，动动嘴就行；该负的责任不用负，都是按规定要求做的，拿我没辙。至于有没有此类规定，现有的规定能否解决这个问题，用他们的口头禅来说，就是"不好意思，那不是我的事情、不是我的责任"。道理可以讲一大堆，就是解决不了实际问题，总之一句话：管他问题解不解决，套路要做足。

还有一种旗号是"要追求存在感"。类似于以往的"面子工程""政绩工程"，这种存在感，只顾眼前，不顾长远，不考虑单位实际的能力，纯粹是为了体现其存在而为之。于是，不切实际的层层加压、层层加码又开始了；拍脑袋决定的事又出现了；"一人生病，大家吃药"的情况又比比皆是了。为了领导的面子更好看，为了领导的总结更漂亮，为了领导的领导更开心，只弄得下级或下属疲于奔命而苦不堪言。

形式主义的祸根如此根深蒂固，顽固不化，关键还是领导的思想出现问题，特别是在从严治党的大形势下，行动上出现了"懒作为"，思想上出现了"软抵触"。懒得动、懒得想是表面现象，对"从严"的抵触，对"监督"的抵触，对权力约束的抵触，才是真问题，才会出现不指挥、乱指挥、应付性指挥的现象，才会使形式主义变换形式再抬头。

党的群众路线教育实践活动与"三严三实"专题教育，是对四风的标本兼治，这个药不能停，作风建设永远在路上，要始终绷紧防范形式主义这根弦，要不断地从党员干部的思想深处"挖病根"，不断地清除形式主义的"祸根"，毫不犹豫地斩草除根，还党风一片"净土"。

揭开"两面人"的面具

荀子曰:"口能言之,身能行之,国宝也;口不能言,身能行之,国器也;口能言之,身不能行,国用也;口言善,身行恶,国妖也。"

《西游记》里的白骨精,变术高超,一会儿是千姿百媚,一会儿是年迈贫弱,若没孙悟空的火眼金睛怕是无法识别。现实生活中的"两面人"比白骨精的技艺更胜一筹,他们没有变身术,但有超强的伪装术,极难识别。一些地方只注重打造领导"可视范围"内的项目,"不怕群众不满意,就怕领导不注意",上演着一幕幕滑稽可笑的闹剧。例如,在推进城乡环境整治、农村危房改造时,不考虑客观实际,而是优先考虑离主干道近、离铁路线近的位置改造修路;扶贫工作仅停留在表面,想得浅、做得少,口号喊得响、总结写得好;只见一块"国际生态旅游最美乡村"的招牌高挂,却不见配套的设施、成熟的管理、优质的服务,游客纷至沓来,却失望而归,错失了发展良机。倘若白骨精在世估计都会自愧弗如。如此,便恰如荀子所言,属于配戴两副面孔的国之妖也。

追根溯源,"两面人"显然来自封建社会。受君臣观念、官僚等级思想制约,这些官员骨子里的奴性仍未退化干净,对上级俯首称臣、 心揣摩、唯恐有误,对百姓横眉冷对、漠不关心、欺瞒打压。官员为官从政,"不怕群众不满意,就怕上级不注意","围着领导转,做给领导看"的"唯上"价值取向,彰显出人民群众主人翁政治地位的尴尬和干部人事制度中残存的封建人身依附关系旺盛的生命力。

当官员执政理念中的"为民做主"正在逐渐让位于"由民做主"，权力主体的返璞归真已成为一股不可逆转的时代主流。从理论上讲，官员手中的权力来自人民，他们全心全意为人民服务天经地义。但事实上，浓厚的人治残余在官员选任上打上了深深的长官意志和黑金政治的烙印，由少数人选人、在少数人中选人的机制导致权力授受关系本末倒置，"重品行"的选用标准更多地被口号化和标语化，"戴着面具跳舞"的官员也就越来越多。

市场经济的趋利性和公共权力的纯洁性相互博弈，社会价值评价标准的畸变与病态也是产生官场"两面人"现象的重要根源。"权"与"钱"成为相当一部分社会成员衡量人生价值的基本标尺，拜金主义、享乐主义和极端个人主义思想甚嚣尘上。由于社会资源的配置权主要掌控在官员手中，使他们比其他社会群体更容易在社会失范中找到出路并获得利益，谋取私利相对容易。而道德标榜则成为他们攫取社会财富所必需的"遮羞布"和"保护伞"，"清正廉洁""淡泊名利""执政为民"等廉价的道德标签可以信手拈来，按需佩戴，来掩盖其丑恶肮脏的灵魂。

只求领导满意的小聪明是人所不齿的。打造领导可视范围内的工程项目是虚浮的泡沫，一戳即破，终究不是为官从政之本。那些经不起物欲名利诱惑的、弄虚作假、曲意逢迎的"两面人"，同样也经受不住改革发展艰难险阻的重重考验，也不可能担得起党和人民的信任与重托。新时代好干部的形象应该是这样的：集表里如一的堂堂正气、实事求是的踏实本分、心系家国的高洁情怀于一身，有一颗"一

盤根獨立眾草旁　不以顏色
媚春陽　高潔慎獨守自身
空谷無風自芳芳　青雲

淡妆素色君子魂

随风飘逸自清

醇 依石只求

傲骨志

春到浓雪

总成雪

己亥春月 青云

枝一叶总关情"的同情心、懂百姓哭笑的冷暖心、知行有所止的敬畏心。任何时候，都应记住百姓满意与否才是衡量政策执行好坏的唯一标准。只有百姓满意了，领导才可以满意。只有练就真本事，真正为人民群众想事情、办实事、谋发展，才能正本清源，实现人民与政绩的共生双赢。

贾雨村的"适者生存"

名著《红楼梦》看似描述清末四大家族的荣辱兴衰，实是一部诠释中国封建社会没落的百科全书。在贾宝玉、林黛玉的爱情故事之外，令人关注的更有贾雨村之流亦即政治氛围下底层小人物的成长与蜕变。贾雨村出身贫寒，却始终与四大家族有着扯不尽的关系，可说是耐人寻味，有借古鉴今之价值。

雨村其人，官宦之后，虽有几分才气，怎奈家道中落，只能卖文为生，所幸有贵人相助，得以进京考取功名，做了知府。但没多久，便因"贪酷之弊"又"恃才侮上"而被革职。后又以黛玉之师，借位贾政官复原职，才有了"葫芦僧乱判葫芦案"的闹剧。自此，贾雨村便完成了从"圈外"到"圈内"的嬗变，也从一个胸怀大志、正气凛然的大丈夫蜕化成徇私枉法、恩将仇报的真小人。如此蜕变，说是缘于封建制度腐朽也好，缘于官场黑暗也罢，归根到底都是一个"政治生态"的问题。

通俗地说，政治生态是一口染缸，近朱者赤近墨者黑；是一方土壤，能培育栋梁，也会滋生腐烂。其与别的生态系统一样，为进化提供了标准和方向，可以通过优胜劣汰进行导向选择，最后达到适者生存。政治生态直接决定官员的价值取向，也决定官员的最终"归宿"。对大多数人而言，面对强大的生态环境，要么顺从适应，要么逆而毁灭，无出其外。贾雨村的腐化，尽管有自身原因，但终究要归结于政治生态的腐朽，毕竟要求人人能以一己之力对抗系统，做到完全"出淤泥而不染"，确实是有点强人所难。

官场政治生态的影响也不外乎"胡萝卜"加"大棒"，即对合乎标准的给予奖赏，对不合标准的给予惩罚，这二者在贾雨村身上都有体现。初次入仕，虽受了一定沾染，"未免有些贪酷之弊"，但总体还是不能了解其中规则，不懂"为官之道"，才会莽撞"恃才侮上"被"同僚"侧目而视，最终只能被"寻了个空隙"而革职，此为"罚"。再次复职，以黛玉之师被举荐，此时便已有"蝇营狗苟"之用心，面对冯渊命案，果断"顺意"用上了门子送来的"护官符"，不顾恩人甄士隐女儿英莲死活，徇私枉法胡乱判案保了薛蟠，也保住了自己的官位，从此趁机攀上贾王史薛四大家族的大树，成了圈里人，此为"赏"。从优胜劣汰的角度来说，他已经成功"蜕变"，被塑造成一个成熟的"官人"，能在黑暗的官场游刃有余，得势又得利。

贾雨村的宦海沉浮，现在来看也不陌生，类似的剧情也一直在上演。不管是"山头主义""圈子文化"，还是查处的窝案、窜案，背后无不藏匿着某些地方政治生态恶化甚至质变的影子，往往是一把手专制，不讲组织纪律，只讲"游戏规则"，做"我"的官，就要按我的"玩法"，如此上行下效，上下串通，形成逆向淘汰，于是贪赃枉法的干部如鱼得水、春风得意，而清正廉洁的干部却无法立身，要么被腐蚀同流合污，要么被孤立一事无成。正是如此，腐败分子才往往会一抓一大把，反腐也就少不了拔出萝卜带出泥。

政治生态污浊，从政环境就恶劣；政治生态清明，从政环境就优良。习近平总书记在 2015 年就曾提出，"自然生态要山清水秀，政治生态也要山清水秀"。① 也就是说，腐败问题得从生态的高度来消除，决不能简单通过抓几个人，处理几个案子来解决。要调整赏罚标准，立规矩，有震慑，营造向善氛围。让组织真正成为干部的港湾，能为担当的干部担当，为负责的干部负责，从组织机制上引导干部积极向上，让好干部更好地生存，更好地发展；坏的干部不敢有坏的举动，要么"从良"，要么被淘汰。也只有这样，贾雨村之流才会淡出历史的舞台。

---

① 《习近平：政治生态也要山清水秀》，新华网，2015年3月6日。

"宫斗"几时休

最近，有部宫斗剧，在视频网站上"病毒式流传"。内容是乾隆时期后宫几十年的权力变化，无非就是皇后和妃子们之间如何勾心斗角以获取利益的故事。

"宫斗"剧热播，自然也就衍生出很多关于剧情的讨论。也有一些学以致用的，把里面的人物关系和一些事件，移到现实中的职场，讲职场该如何待人接物；更有甚者，研究起了其中皇帝、太监、妃子和大臣之间的关系，拿里面的事情往当今的官场里面套。

例如，我就看到一些自媒体发的相关文章，引发了有些机关里的年轻人的讨论，他们也在拿这些文章里的内容来解释自己单位里的一些事。"宫斗戏"娱乐社会大众也就可以了，怎么会在机关里也这么广泛流传呢？在我看来，这要从机关单位自身和干部职工两个角度才能说得明白。

一是说明我们的机关还没有做到规范管理，让一些人觉得我们的机关和那"后宫"有相似之处。例如，在干部选任上，做得不够透明，有些干部的管理任命还没有做到任人唯贤。这就让其他干部职工觉得，这不就是和古代皇帝选大臣一样吗？干事创业多的人，不一定比得上那些整天围在领导身边、和珅式那种成天拍马屁的人。在评价个人的时候，不是拿业绩来衡量，而是不做调查地只考虑其在单位的名声如何。这让一些想干事的人，既要干事，还要分心研究如何做一个"好人";也让一些无聊的人，开始编造一些故事，传播一些谣言，让单位里的老实人受委屈。坦白地说，让干部职工觉得自己的单位像个"后宫"，那实在是这个单位领导者的失败。

二是一些普通干部职工，受到"圈子文化""君君臣臣"等封建文化的荼毒太深，对于现代先进文化的学习不是很够，很容易在思想上跑偏。他们不明白，我们是机关单位，是严格按照规章制度严格管理的地方，是全心全意服务人民群众的载体。一个单位怎么样，既取决于这个单位的管理水平，更取决于在这个单位里工作的人。奉劝那些把自己的单位当成"后宫"来过的年轻人，过度地关注人际关系、过度地臆想，实在是对资源和精力的一种浪费，是一种病态。只要做人地地道道，做事踏踏实实，不整天算计一些鸡毛蒜皮的事情，不拿有色眼镜和别人相处，自然能够有一份满意的收获。

作为国家公务员，切不可沉迷于"宫斗"这种事情上，这会耽误大事的。《延禧攻略》电视剧热播中，还有一个讨论，尽管可能不符合历史研究的方法，我希望大家也能够同时注意到，那就是有人指出：我们这边在"宫斗"的同一历史时期，英国已经开始了工业革命，整个欧洲都在进行资产阶级革命。乾隆朝结束后四十年，鸦片战争就打了起来，我们这个"天朝上国"也就开始了近现代史上的最屈辱的一段时光。

悟空之箍

《西游记》里进进出出人物不下百余人，但绕来绕去终归是唐僧师徒的故事。猪八戒是个客串的笑话，沙僧是件摆设。而对于孙悟空，连接他与唐僧的便缺不了那件金光闪闪的箍。这一箍，可以说是孙悟空命运的转折点、人生的分水岭。

在此之前，头上无箍的猴精狂而顽皮，善恶不明，闯龙宫、捣地府，最后大闹天宫，海陆空能闹的都闹了个遍，哪怕被压五行山下五百年，仍是猴性不改。但自从戴上紧箍之后，一心一意保唐僧去西天取经，一路上荡魔除邪，积德行善，为民除害，很快就成长为一名"有为青年"。

一个紧箍，效果竟如此之好，管住了一个乱世精灵，将一个无所畏惧、无所不能的顽猴管制得服服帖帖。可见"箍"的作用非同一般。无箍就没有约束，就会放任自流，按照自己的喜好行事，不去尊重大众认同的基本规则，以自我意识为中心，肆意妄为。有了紧箍咒，就有了畏惧，不敢任意胡为，而超常的本领也就失去了作恶的功能，只能用来确保唐僧西天取经成功。

光有箍，还只是个形式，不能起效。得具备两个要素：一是箍要紧。"取不下，揪不断，已此生了根了。"戴了箍，谁都不舒服，孙悟空也曾威胁唐僧，脱箍而求个自由自在，于是有了出走，有了返回花果山，有了三打白骨精等等的曲折来回。倘若摘得了这箍，他就可以肆无忌惮，甚至变本加厉，给唐僧取经带来更多的阻力。二是要念咒，咒即震慑。如书中所述，念它两次，唐僧便问："你今番可听我教诲了？"行者道："听教了！"唐僧又问："你再可无礼了？"行者道："不敢了！"

现实中，领导干部也需要紧箍。毛泽东同志就曾说："身为党员，铁的纪律就非执行不可。孙行者头上套的箍是金的，列宁论共产党的纪律说纪律是铁的，比孙行者的金箍还厉害，还硬"[1]。党纪就是领导干部的紧箍，而且这个箍具有极高的刚度和硬度。随着当前规矩概念的明确提出，原来未明文列入纪律范畴的优良传统、工作惯例和一些相对柔性的规定，都成为全党需要长期坚持并自觉遵循的基本要求，党的自身建设和自我约束的这个"箍"得到了进一步加强。

与孙悟空一样，有了"箍"，还要把箍扎得紧，有了箍还得靠"念"。所谓警钟长鸣，约束常在，这样的"箍"才能管得住人。不能浅尝辄止，或搞一阵风。说到底，紧箍咒就是"定心真言"，只有把领导干部的心念"定"了，风清气正的政治生态也就真正形成了。

"党的群众路线教育实践活动""'三严三实'专题教育""'两学一做'学习教育"等主题教育，就是中央给领导干部紧一紧箍，习近平总书记在总结时说："不少领导干部说，过去习以为常、司空见惯的'四风'问题不敢小视了，一人说了就算、一拍脑袋就定、一拍胸脯就办不大行得通了，什么饭都敢吃、什么人都敢交、什么事都敢做受到节制了，头脑中在这几方面的'紧箍咒'自觉勒紧了。"[2]

———————————

[1] 《毛泽东文集》第二卷，人民出版社1993年版，第416页。

[2] 习近平：《在党的群众路线教育实践活动总结大会上的讲话》，人民出版社2014年版，第5页。

戚继光的"三步走"

　　凡新兵入伍，行军姿、队列等一系列基础科目训练虽单一而枯燥，但意义深远。我们常常看到士兵一个敬礼就要敬十几分钟，一个立正就要站半天。这是要求动作固化，让他以后永远都会这样做，哪怕有一天监督消失了，动作仍然保持不变。而在官场，从严之风总是有起有伏，紧一阵松一阵，出事了紧一下，新规出台了再紧一下，领导想起来了再紧一下，但往往过不了多久，就会松下来，于是大家慢慢也就习惯了，紧的时候给个面子，熬一熬就过去了，完全达不到纪律"固化"的效果。

　　话说明隆庆朝初期，戚继光奉命镇守蓟辽，主持练兵事。但蓟门之兵纪律松散，于是便请调三千浙兵。戚继光认为："古今名将用兵，未有无节制、号令，不用金鼓、旗幡，而浪战百胜者。"因此，浙兵到了以后，戚继光命令他们在郊外列阵，无将令一律不得擅动。当日天气恶劣，大雨倾盆如注，三千浙兵自晨至夕如树植地始终直立，纹丝不动。蓟门兵士个个看得大骇。这就是令倭寇闻风丧胆的戚家军，体现了纪律训练的效果。戚继光还把各种紧要号令编印成册发给兵士，要人人熟记。记得熟，做得好，有赏；记不熟，做不好，受罚。通过这些训练，使千万人俨然一体。自此军令如山，所向无敌。

　　当兵有当兵的样子，官场亦应如是，没有纪律的训练，当官就没有当官的样子。如何纪律训练，我们可参照戚继光的方法分三步走。

第一步是告知，换句话说就是教育。党的十八大后，中央结合《中国共产党章程》内容，先后出台了一系列准则条例，形成一套完整的制度体系，这是教育党员干部的必修课、急修课。而当前存在学习一阵风的现象，新出台的准则条例拼命学，之前的就束之高阁，或顾此失彼，或蜻蜓点水得过且过，学得不深、不透、不系统。究其原因，是因为学习没压力，没能与后面的两步内容相结合。

第二步是监督执行。部队训练，教官会一直盯着每一个士兵，即使是脚抬高了一点点，还是掌心朝向偏了一点点，都会立即叫士兵调整过来。何为教官？因为士兵自己不知道自己偏在哪里，不知道自己偏了多少。所谓"当局者迷，旁观者清"，就是这个道理。毕竟规定不可能这么细，执行也不可能这么精准到位，而教官的任务就是要在监督的过程中，把握住整齐合一的效果。而在现实中，官员虽然学过了各项规定，但对自己做得对不对还是心里没底；而监督的人一般只会在官员被举报的时候，过来说你错了，至于到底错了多少，正确的应该是怎样的，恐怕很多连他们自己也讲不清楚。

最后一步是奖罚。奖，要分层级。标兵式的人物，要培树成典型榜样，而对能遵纪守法埋头苦干的同志，同样要给予奖励。只要能体现正能量的，从最基础的达标者到最高层的荣誉获得者，都能得到鼓励，才会形成良好的导向作用。而罚，也要分层级。罚的目的是警示，不仅要做到无遗漏，针对那些对违纪行为进行包庇、无条件减轻问责的现象更要加大处罚力度。不仅要面向当事人，更要对上级，乃至上上级进行问责处理。戚继光练兵有一个连坐法，士兵出问题，要处罚班长，以此类推。问责条例也把主体责任、监督责任、领导责任等各种责任分得很清楚，关键是在处罚上不能失之于宽、失之于松、失之于软，此处一宽、一松、一软，必然导致从严治党整体效果的宽、松、软。

景阳冈上的一声棒喝

武松打虎，无疑是《水浒传》中最脍炙人口的篇章之一，故事跌宕起伏，绘声绘色，扣人心弦。而党的十八大以来，"武松打虎"更多地被用在描述中央反腐倡廉的决心和成效中，成为"打虎""拍蝇""猎狐"反腐治标组合拳的第一拳。

老百姓都觉得"打虎"这个说法非常生动、形象、接地气。是因为其与当前的反腐形势相类似："虎患"之大，伤民不浅，老虎凶猛无比，穷凶恶极，危害一方，百姓闻之色变，景阳冈一带人们唯恐避之不及。"景阳冈上，有只吊睛白额大虫，天晚了出来伤人。已经伤了三二十条大汉性命"。而当今，贪腐之官，尤胜于虎，贪污腐化、权钱交易等各种腐败行为造成的种种不公，极大地扰乱了社会正常秩序，败坏了社会良好风气，挥霍了大量社会财富。老百姓最痛恨、最难以容忍，但又最无可奈何的莫过于腐败。因此，中央重拳反腐，百姓无不拍手称快。

在景阳冈前的酒店里，酒家不信武松能喝过三碗酒，更不信酒后仍能独立过冈，绝想不到还能将吊睛白额大虎双拳打死。同样，在"八项规定"出台之时，无论是在官场，还是在社会上，大家都没想到反腐的成效会如此之大，不仅一只只老虎被绳之以法，更是突破了"刑不上大夫"等种种藩篱，让百姓们看到了中央反腐的决心之大、意志之坚定。

打虎还需自身硬。武松一身武功，本领高强，有胆有识，打起虎来，拳拳到肉，招招见血，"尽平昔神威，仗胸中武艺，半歇儿把大虫打做一堆，却似躺着一个锦布袋。"党的十八大以来，以习近平同志为核心的党中央身体力行、率先垂范，坚定推进全面从严治党，坚持思想建党和制度治党紧密结合，集中整饬党风，严厉惩治腐败，净化党内政治生态，党内政治生活展现新气象。"武松"们对各地明存暗蛰的各色"老虎""苍蝇"，进行排摸，监察，立案侦查，收网抓捕，频频出手，屡立战功，打了上百只"虎"，灭了无数只"蝇"，解民恨，平民愤，赢得了党心民心。

然而，今时毕竟不同往日，在酣畅淋漓的"打虎"过程中，我们不禁要问：虎窝何在，虎患何来？在反腐进入深水区的过程中，监督、巡视，多管齐下，社会上以腐为耻、以廉为荣的风尚正在逐步形成。百姓们在这场反腐浪潮里，也不再只是喝彩者和受益者，更是成为其中一员，擦亮眼睛参与到这一场全民战争中来；通过公开透明的监督不给反腐败留下死角，让那些为虎者、为虎作伥者都无处可遁，并惶惶不可终日。无禁区、全覆盖、零容忍的大网已经撒下，不管是家族式腐败、塌方式腐败都无一例外，根除到底。百姓们欣慰地看到：贪腐的势头得到有效遏制。但同时，一些官员开始感叹为官不易而开始懒作为、不作为、乱作为；一些不甘心不死心的，尚存侥幸、匿于阴沟暗道下的"老虎""苍蝇"们还在困兽犹斗，还在不断地试探红线，想方设法规避党纪国法，为满足自己的私心私欲寻找新的技巧和空间。

因此说，虎窝查易，虎患难绝。治标已是不易，而治本更是难上加难。虎患，很大程度上源于管党治党失之于宽、失之于松、失之于软，一些原本优质的土壤开始逐渐变质变坏，变成腐败之根、腐败之源。当前，治标取得了一定成绩，也得到了大家的普遍关注和广泛认同。但制度反腐，无疑才是最让百姓们期待的，首先，制度的笼子扎得再紧些、再密些、再结实些，把权力关进制度的笼子里，不要有所遗漏、有所变通，留有死角、留有透气孔；其次，全面从严治党与全面依法治国紧密结合起来，形成有机整体，使党员干部既在法律的框架内履行职责，更在党纪的笼子里规范用权；再次，全面从严治党与全面深化改革紧密结合起来，在新一轮改革开放浪潮中，杜绝懒官庸官，真正使市场在资源配置中起决定性作用和更好发挥政府作用，让百姓享受红利，从而真正实现全面建成小康社会的宏伟目标。

从林则徐的传牌谈起

"照得本部堂奉旨驰驿前往广东查办海口事件，并无随带官员供事书吏，惟顶马一弁、跟丁六名、厨丁小夫共三名，俱系随身行走，并无前站后站之人。如有借名影射，立即拿究。"这是1838年林则徐前往广东处置因鸦片输入而发生的中英冲突时沿路所发的传牌。

在愚昧闭塞的清朝晚期，表面上看，整个社会处于因鸦片而引起的各种矛盾纷争之中，而深层之下，恰是高度集权的君主专制制度所带来的腐朽，到头来是皇帝坐井观天，大臣结党营私，官场贪腐成风，致使清王朝摇摇欲坠。在此境况下，林则徐的《本部堂奉旨前往广东查办海口事件传牌稿》，可说是一份廉洁自律的铮铮誓言，虽寥寥数字，但从中可体味这几层意思：一是身体力行。钦差大臣是代表皇帝完成特殊使命的要员，出入的排场仅次于皇帝出巡。而林则徐仅身带10人，不图虚荣而轻车简从，一扫官场上的繁文缛节和虚于应酬的陈腐习气。二是表明态度。由于路途遥远，沿途所遇官员大都不认识，有此传牌，以免奸人借钦差之名行骗，更可防止居心叵测者借机滋事。三是传导价值。此传牌一发，可谓人未到而令已达，明示了一种清、廉、正的新道德价值观，打开了查禁鸦片这一正义之举的序幕。

面对官场上奢靡贪腐之风盛行，林则徐把自己放到一个"被监督"

的境地，主动接受各界的监督，尽管如此一来，任何一点越界、一点不公、一点谋私，都会给自己带来被动局面。但此举无疑是一种自信，更是一种担当，放在现在，仍具有现实借鉴意义。

当今社会，尽管"接受组织和人民监督天经地义"，但总有些党员干部，视"监督"为麻烦、为约束，感到不自在、不习惯。有的对群众意见不屑一顾，认为提意见就是唱反调，认为提意见的就是刁民；有的以"维护团结""促进和谐"的名义压制批评监督；更有甚者，对批评监督搞打击报复……其结果，只会让问题和矛盾越攒越多、越积越厚。对此，习近平总书记曾说："不想接受监督的人，不能自觉接受监督的人，觉得接受党和人民监督很不舒服的人，就不具备当领导干部的起码素质。"①

为什么有的人不敢被监督、害怕被监督，其原因无非就是或理想信念迷失，缺乏被监督的为民情怀；或过多考虑个人私利，缺乏被监督的勇气胆魄；或利益关系有顾虑，缺乏被监督的底气。上述种种，不是对自己的保护，而是对自己的伤害，是卸去了自身的防护服，失去了最好的一层保护。

有权必有责，党员干部手中的权力是党和人民赋予的，党员干部使用权力，使用得对不对，使用得好不好，当然要接受党和人民的监督。以林则徐为例，就是要把监督当成自己的"保健医生"，在各类监督下，领导干部能够始终想着有众多的眼睛在看着自己，更加注意自己的一言一行，督促自己严格遵规守纪，正确行使权力。以林

---

① 中共中央文献研究室编：《习近平关于全面从严治党论述摘编》，中央文献出版社 2016 年版，第 199 页。

则徐为例，领导干部只有自觉而主动地"被监督"，坦然将自己放在聚光灯下，才能真正完成反腐倡廉从"不敢腐""不能腐"到"不想腐"的蜕变。古人尚能为之，作为党员干部更应该有这样的觉悟和修养。

【激浊扬清】

宁知寸心里
蓄紫复含红

己亥夏 赵青墨

别把概念玩坏了

最近，网上流行一种"概念体"：放高利贷改叫 P2P，乞讨改叫众筹，算命先生改叫分析师，八卦小报改叫自媒体，忽悠改叫互联网思维……

一个新概念、新理念出来，大家就趋之若鹜，玩得不亦乐乎！中国文字博大精深，细细品来，其味无穷。然凡事皆有度，不可过度把玩。其中"概念"二字，若把玩起来，更要慎之又慎。倘若把概念玩坏了，则恐舍本逐末、害人误己。

说起"玩概念"，令人印象最深的恐怕就是楼盘广告了。各种奢华、各种尊贵、或稀缺或地段优势什么的，几颗树就称之为园林，小沟边上就说观水御景，弄点儿马头白墙就是江南水乡，有两处喷泉就称英伦风尚。反正是虚张声势，哗众取宠罢了。还有股市，也深受其害。一些没有造血功能的企业通过各种"包装"，从政府输血走向股市吸血。风云乍起，涨得莫名其妙，跌得更莫名其妙。你若认真，便是输了。难怪有人说：股市与业绩无关，与经济无关，只与文学艺术有关。

突然有一天，发现"玩概念"几乎无处不在，用一些似是而非、模棱两可、子虚乌有的概念，一件普普通通的衣服，动辄上千上万；一块寻常的月饼，可以卖到几百元；明明没剧情没节操的电视剧，凭借当红明星的恶意炒作，轻轻松松就能赚个盆满钵满；就连日常喝的水,"冰川水""离子水""富氧水",用句网络流行话说,这叫"不明觉厉",其实喝起来都是一个味儿。你再看:搞个网页就是"互联网+";做个抵押就是融资;弄个表格就敢说大数据;做个存储器就是云计算,以至于连乞讨都能说成众筹了。过度的概念炒作,反而模糊了概念本身,一粒老鼠屎坏了一锅粥。

面子上搞"幌子",废的是内在功夫。一个战略的理念,在没有被淬炼前,很容易被更新奇、更花哨的概念所淹没,从而失去了其原有的指向意义;一个没有实在价值的名词,过度消费,迟早会露出马脚,其结果不过是搬起石头砸自己的脚;一个空洞的广告,吹得天花乱坠,或许能红极一时,却未必能逃脱被市场规律淘汰的命运。

为什么人们还热衷于这种杀鸡取卵式的过度消费?莫非不搞花样就体现不出诚意?炒概念,玩噱头,其实是互联网时代"眼球经济"的一种变异。在大环境的冲击下,人人都想走捷径、赚快钱,有人关注就有效益,但只顾眼前利益和短期利益,过度注重表面文章,忽视甚至抛弃实体和内涵,长此以往,只会掉叶烂根。比如,金融和互联网领域过度消费概念,仅仅依靠炒作而轻易获取利益,必然会吸引大量资本从实体经济领域流出来,这不是推动发展,而是扼杀实体经济。一旦实体经济被弱化,金融经济和互联网经济便没有了坚实的基础,变得不可持续,其后果可想而知。

这些玩概念者,或因自身缺乏产品与技术研发上的底蕴,不注重技术创新上的投资和长远的发展战略,单对一些缺乏实质内涵的技术或对消费者意义不大的概念一味包装和炒作;或因缺乏知识积累,对新理念新思路一知半解，将其泛化、庸俗化，照搬照抄一些外来文化，又没有与实际情况相结合；而更多的是缺乏长远战略眼光，缺乏以务实的精神苦练内功，只练唱功，不练做功。说到底，"玩概念"是一种不自信的表现，对发展的不自信，对能力的不自信。说实在的，与其绞尽脑汁玩弄概念，不如脚踏实地做好自我文化素质培育，扎扎实实做好每一件事情。

苍蝇与蛋缝

有这么一个人：他把单位主要领导的每一次讲话，包括用餐时简单的闲聊、擦肩而过时偶尔听到的言语等都一一输入电脑记录下来，经常性地进行分析。没过多久，此君渐获重用，成为离主要领导最近的人。

类似的手段在社会上并不陌生。这种人热衷于琢磨领导的兴趣爱好、生活习惯、个性特点；或看领导看过的书，去领导去过的地方，关注领导关注的事物；或接近领导的孩子与家属等。总之，就是要把领导从里到外钻研了个透。他们愿意为领导做任何事情，小到诸如拎包打伞、家里换个水笼头什么的，大到安排全家出游，甚至为领导亲属顶名联系营销项目等等，跑前跑后，谄媚奉承。他们领会领导的每一个眼神，读懂领导的每一个脸色，解析领导的每一个手势，领导未言而知其意，领导未动而晓其行，真可谓"比领导更了解领导"。

大凡费尽心机讨好领导者，其目的都是不言而明的，无非就是一个"私"字。一旦成为领导身边的红人，群众口碑再糟，也不易改变领导的看法；工作做得再差，也会时时得到领导表扬；能力条件再弱，也会屡屡得到重用。这就难免演变成另一种形式，比如拿个项目、套点资金、得个荣誉什么的，反正出错有人帮忙捂着，犯事有人帮忙摆平，于是做事可以肆无忌惮、随心所欲，想说什么说什么，想拿什么拿什么，想干什么干什么。

苍蝇不叮无缝的蛋。上面这种人之所以能凭此手段获取私利，就是因为某些领导的政治品德存在严重缺陷，或干脆说就是那种开缝之蛋，透出为苍蝇们所"喜闻乐见"的气味。正因为有些"蛋"开了裂缝，苍蝇才闻腥而来，集所有精力于叮蛋事业。这样的开缝之蛋自然挥不去那些营营之蝇，更多的时候反是觉得接受这种苍蝇没有什么风险：给个位置，程序不会有问题；给个信息，政策不会有问题；给个面子，什么都不会有问题。

狐假虎威败坏的是虎的声望，小人之心可蛇吞象，得寸进尺永无满足。但倘若领导干部们都能洁身自好，一身正气，无臭可闻无缝可叮，苍蝇转了一圈后，也只能垂头丧气乖乖飞走了。

"端"出来的虚伪

某日饭局，听一编辑感慨："体制内很多有思想、文笔好的人，提拔成处级领导干部后，一般就不再公开发表文章了。一直等到退休，有些人又会重新拿起笔。"谈及原因，大家莞尔一笑，心知肚明。

这算是一种官场文化吧。要在体制内生存，或者想生存得更好一些，你就得主动去适应、融入这种文化。常常会有人说："你这个人不适合当领导""你这个人不适合在机关待"，但凡有此评价，一般都是旁人从你的性格入手，来与大家所共同认知的官场文化进行对比。大致而言，在这种文化氛围内，你不能太"冒进"、太"耿直"、太"突出"、太"另类"，这些个性都会被归为异类，也容易被各种流言蜚语所淹没。

之前网络也曾盛评"为何官员职级越高，越少发微信朋友圈"，在职不敢说、在位不敢说、在任不敢说，到了退休后才敢说。这一反差体现了部分干部"官本位"观念浓厚，究其原因是一些地方党内民主氛围的缺少。在这种"潜规则"之下，官员们懂得了隐藏与收敛。要学会世故，不能太有个性；要学会容忍，不能太有情绪；要学会圆滑，不能太有想法；要学会从善如流，不能异军突起。总之，大家是什么样的，上级是什么样的，你就照着这个"模子"，往自己身上框，尽量不要漏掉什么，更主要的是：千万不能多出点什么。

于是乎，官员们变得一个个都很矜持，都很深沉，都很高大上，谱子越摆越大，架子越端越足。其结果就是，每个人都给自己戴上了面具：心里想的，不说不做；而说的做的，又不是出于自己的本心。不多行一步，不多说一语，随流跟风，这样至少不会出事，保平安才能一路顺风顺水。于是，你好我好大家好，都不说真话，都不讲实话，才是所谓的适者生存。

因此，我们也常看到，一些有理想、有作为、有担当的领导新上任后，大刀阔斧，敢闯敢拼，但很快，有些就归于平淡，被潜规则洗白；有些就被淘汰，不适应而退出。不管官员们是蜕变还是离开，都是一种官场的"逆淘汰"，剩下的，大部分都是端着架子、戴着面具的标准模式的官员了。

然而，这种面具不仅是给官员们相互之间看的，更多的还是给百姓看的。试问，百姓看到这种面具是何感受？至少这样的官员是不真实的，是装的、是假的、是虚伪的。满口的大话、官话、套话，做官先做人，连说话都不真实，又如何实践"三严三实"？

中央曾多次强调，要发扬党内民主，要敢于开展批评和自我批评，特别是对民主生活会和组织生活会提出一系列要求，要咬耳扯袖、要红脸出汗，防止蜻蜓点水、浅尝辄止、无关痛痒。领导干部要去除这种"端"出来的虚伪，必须发扬求真务实的优良传统，要坚守正道、弘扬正气，坚持以信念、人格、实干立身；要襟怀坦白、光明磊落，对上对下讲真话、实话；要坚持原则、恪守规矩，严格按党纪国法办事；要严肃纲纪、嫉恶如仇，对一切不正之风敢于亮剑。习近平总书记指出："党员、干部要正确对待组织，对党组织忠诚老实。在党组织面前，党员、干部不能隐瞒自己，不能信口雌黄。党员、干部之间也应该言行一致、表里如一，讲真话，讲实话，讲心里话。"①

　　当今时代需要官员少端架子，放低身段，与群众没有距离感，才能真正走到群众中去；要敢于直面问题，敢于直言进谏，敢于与不良风气作斗争；要敢于"打开天窗说亮话"，更要敢于多为百姓说实话。敢于发声、善于发声、乐于发声，多一点真诚，少一点虚伪，才是新时代官员的标准形象。

---

① 中共中央纪律检查委员会、中央文献研究室编:《习近平关于严明党的纪律和规矩论述摘编》，中央文献出版社、中国方正出版社 2016 年版，第 44 页。

不僵的百足之虫

蓝天之下，并非都是鲜花绽放。在全面从严治党的当下，某些官员的雷语，仍充斥着人们的耳朵。如黑龙江望奎县某局长的"我整死你!"西安市某部门工作人员的"再来告状就打你!"另一位处级干部，朝着一群年轻人呵斥："我踩死你们，就像踩死一只蚂蚁一样。"

如此嚣张之言，倒如雨后杂草，割了又生，铲之不尽。所以一经披露，立刻在网上引来骂声一片。被暴光的毕竟是少数，类似发生在群众身边的案例还有很多。这些官员虽然嘴上讲着群众路线，眼里却把群众看成刁民，特别是认为群众个体是好欺负的，是可以任我妄为的。

由此，倒可以将这些官员比作张牙舞爪的蜈蚣。两者的类似之处在于，都极具攻击性。面对下属颐指气使、面对群众盛气凌人、面对责任左推右挡。一旦自己受到威胁，就会去攻击他人。是否受到威胁，全出自它自己的主观判断，于是有人不够顺从，就会被攻击；有人敢提意见，就会被攻击，有人与他的竞争对手走得过近，更加会被攻击。攻击有明有暗，明的就是恶语相向，而暗地里使棒子更加阴毒；有轻有重，轻的时候像吃了苍蝇一样不舒服，重的时候就往死里整；有急有缓，急的时候一招让人毙命，缓的时候慢慢折腾你。

此类官员还有一个共同之处，就是死而不僵，很难灭绝，也难根治。不知道从哪里又会冒出一个雷人领导，讲出一句雷人之语。即便是在中央不断加强作风建设的形势下，仍有干部压不住自己的气焰，敢于顶风，动辄暴发，视规矩和纪律如无物，视党的形象和威信如无物，视民如犬马、如土芥。

当然，此类官员的嚣张不会停留在言语上，这种嚣张是由内而外的，一个官员的言语出现了问题，必然是其内心出了状况，表面看不可一世，实质上却是"墙上芦苇"，究其原因，除了缺乏理想信念、宗旨意识，就是底气不足、思想不纯、"官"念不正，再加上缺乏自我约束能力，于是说粗话暴雷语，便成了他们的"家常便饭"，于是克制时少说一点，得意时当然就无所顾忌了。

领导干部要想避免蜕变为"百足之虫"，关键要摆正"官"念，从提升公仆意识入手。要搞清楚公与仆的关系。习近平总书记早在2007 年就说过："党员领导干部是人民的公仆，人民是领导干部的主人。这个关系任何时候都不容颠倒。如果不把人民群众当主人，不愿躬身做'仆人'，那就不配当一名领导干部。"① 当不好公仆，群众就不认你这个官。要把群众的事当成自己的事，把地方的发展作为自己的主业，把群众满意作为自身的追求。"俯首甘为孺子牛"，作为干部，应该正心修身，端正心态，摆正位置，谨言慎行，治好"官心病"，才能让雷言雷语寿终正寝。

要灭蜈蚣，仅一刀两断，蜈蚣头尾仍能各自行走。因此，要抓住蜈蚣的特点，有针对性地采取措施，比如杜绝潮湿的环境，铲除其生存的土壤，同时使用杀虫剂，让其无处遁形。而对于蜈蚣型的干部，

---

① 习近平:《之江新语》，浙江人民出版社 2007 年版，第 257 页。

净化官场环境同样至关重要，同时强化监督，让群众来监督他们的言行举止，将其雷人之语公之于众。在惩处上，不能因为其只是说错一句话，就听之任之，要分析其出现的根源，重视其可能产生的破坏性，警示与处罚并举，决不能心慈手软而放任自流，更不能助长其嚣张气焰。

调 研 之 道

日前看到一则新闻：新春佳节将至，某市领导到菜市场视察百姓"菜篮子"。但见画面里，领导亲切慰问，商贩欢颜回应，一派繁忙祥和筹备过年的景象。忽而心生好奇，去网上查了一下，这是第三年，市领导年前在同一个市场调研百姓"菜篮子"。关注民生，关心年前物价是否平稳，百姓能否过个好年，是市领导班子的职责所在。然而，连续三年在同一时间段去同一个菜市场调研，反馈都是物价平稳，货物充足，一派欢快祥和、花团锦簇的热闹场面……调研对象一成不变，没有问题反馈，没有提升"菜篮子"质量的具体举措，来过、看过、问过，年复一年，不了了之，这就有"摆拍""走秀"的嫌疑了。

领导干部走出办公室，走到基层群众中调研本是好事，但没有掌握正确的调研方法，没有坚持问题导向，调研目的不明确，"规定式""套路式"调研屡见不鲜，如此调研怎能出成效？

调查研究是谋事之基、成事之要。没有调查，就没有发言权，更没有决策权。调查研究由来已久，大禹治水不是在茅草屋中拿出的方案，西周"采风"是最早的制度化调研——通过天子巡守、专人调查和逐级上报等多种方式来了解民风民情民意。所谓调查研究，调查就是要把事情的真相和全貌认知清楚，把问题的本质和矛盾焦点梳理清晰；研究则是针对问题的症结，提出符合实际情况的解决问题的思路和对策。

身直寧不彎　勢即寄萬川

風呎千葉舞　亦可覆群峦

己亥仲夏趙青書

一身黄金甲傲霜立仞崖

耐寒在東籬燦

燦映戰馬

己亥春月趙青書

调查研究是奔着实情去的，实，诚也，而现在的某些调研者和被调研者都缺少这个诚字。一方面，调研的人无诚意，走的是"规定线路""经典线路"，看的是经过精心编排的汇报"表演"，参与交流的是久经考验的"调研明星"，听的是起承转合天衣无缝的"万能台词"。2012 年 12 月底，习近平总书记前往河北省阜平县调研考察。在出发前专门提出要求，调研时不许安排、不能导演，原汁原味，是什么样就什么样，保证听真话看实情，要与群众零距离接触。这样的调研才能出效果。另一方面，被调研者无诚心，一心一意秀成绩，仿佛一只只花孔雀，恨不能熠熠生辉。"要让领导看到不好的地方，这样领导的责任心油然而生，就给我们解决很多问题"。抓住上级领导来调研的机会，反应真实问题和需要上级扶持解决的实际困难，不遮不掩，不藏不盖，这是迎接调研正确的打开方式。上下同心，去伪存真，如此调研，实情必现。

研，分开来看是"石"字和"开"字，"精诚所至，金石为开"，是为研。那么要"开"的"石"是什么呢？是问题。问题是我们发展的契机，敏锐地发现问题，正确地认识问题，是我们进行科学决策，开展工作的必由之路。而现实中有些调研，就是去"看看"，既不带着问题也不去发现问题——"观光式调研"。中部某县一村被授予"全国民主法治示范村"后，前往调研的各路人马络绎不绝，令当地政府应接不暇，当地群众极为反感。接踵而至的调研人马，到底是自身民主法治建设有短板，迫不及待带着问题去求真经；抑或是深入群众，倾听"示范村"的"烦恼"，发现经济发展、民生医疗等方面的问题；也许两者兼而有之，但大量抱着"去看看"想法的调研官员混杂其中，也就难怪当地群众反感。拿着金刚钻，找不到、对不准症结所在的"顽石"，何谈调研？何以调研？

石头找准了，是雕琢？是打磨？还是一把开山斧直接劈碎？要看石头的质地。玉石要雕琢，金刚石则需打磨，顽石自然要大力劈开。选择处理石头的方法就像制定解决问题的方案，要想对症下药，药到病除，归根结底依然离不开调查研究。在20世纪二三十年代的土地革命时期，毛泽东同志在农村专门做过十几次系统的调查，正是在深入了解农村现状的基础上，才有后来的"星星之火，可以燎原"。反观西部某贫困县，当地政府学习借鉴其他村镇养殖致富模式，在没有深入考察本地群众养殖技术、养殖成本以及市场风险的情况下，在3000多户贫困户中推广蛋鸡养殖。结果遭遇风险，政府投入几百万元的项目全面失败。调查研究得来了别人的好经验、巧办法，却没有对自身情况的充分调研，一味照搬照抄，何谈科学决策？

改革就是不断地发现问题，解决问题。发现问题靠方法，解决问题靠决策，但终究离不开调查研究，用好调查研究的利器，问题无所遁形、难题迎刃而解，在不断化解矛盾的过程中实现中华民族伟大复兴的中国梦！

软抵触的硬伤害

最近，在机关看到一些现象：迟到的少了，到点就下班的人却多了；公务员的笑脸多了，群众的笑脸却少了；当面拒绝的少了，搬条条的却多了。这些看似正常的现象里，却隐藏着不正常的软抵触情绪。

抵触原指冲突、竞争，是一种相对激烈的抵抗，而软抵触，虽然形式上没有了冲突，但所表露的，无非就是对工作要求的挡、顶、拒，升级起来说，就是一种因思想情绪上的对抗导致的结果。

普通公务人员的抵触，有的是对新的改革措施和政策手段认识不到位、不充分；有的片面理解"法无授权不可为"，连必要的探索试验也不愿意尝试；有的主观臆断地把出台纪律、规则等同于制约工作。当一项工作需要基层多个科室参与配合时，有的科室左推右挡，要么不愿参与，要么不愿负责，把局部工作当正业，把全局工作当副业，大局观、责任意识式微，直接阻碍了政策在"最后一公里"的贯彻落实。

而领导干部的软抵触，就可能整天打着组织的招牌、攥着人民的权力招摇撞骗，欺上瞒下，表面上是落实中央精神，实际上是干自己的勾当，口号喊得比谁都响，样子装得比谁都足，但肚子里的花花肠子想的都是自己的利益。这种干部都非常聪明，他们深谙官场的套路，善于研究体制和人性的漏洞，再好的制度，到他们手里，都能被转化成谋利的工具，而且能做到有理有据有节，天衣无缝。

把这种抵触放到社会改革的进程来看，任何一次改革，其初期难免存在着管理体制、运行机制、监督条件等多方面的不完善之处，这就给了少数官员趁虚而入、浑水摸鱼的空间。他们有着既是裁判员又是运动员的双重身份，构建了一套相对完整、牢固的产业链，成了比赛的既得利益者。

随着改革推进，官员们从浅水区一路蹚到深水区，走惯了没脚面的小溪，来到齐腰深甚至漫过脖子的大河，又难免看到身边不断地出现不舍得、不愿意、不习惯、不适应的淘汰者，软抵触的现象也就开始漫延。

如今，社会发展的粗放期已经过去，低悬的果子已被摘光，任务越来越复杂，工作越来越难做，加上权力受到监督，纪检和问责越来越严格，"无油水可捞"成为常态。当全新的赛制开启，固有规则被打破、体制漏洞被堵上、既得利益被剥夺，他们就通过罢赛来消极抵抗。

这种软抵触带来的危害是巨大的，甚至不亚于贪污腐败。最直观的体现：贪污大多数是偷偷摸摸的，老百姓感知不会太直观，而"软抵触"却是百姓们直接面对的，对那些该办的事不办、能马上办的事拖着办、能一次办成的事反复折腾着办、不能办的事又不做耐心细致的解释工作等等，都是基层群众最为反感、最不能容忍的事。在位不谋事、为官不作为，无异于"吃共产党的饭，砸共产党的碗"，极大地损害了党和政府的形象。

从深层次看，改革要求我们在有限的时间内创造出最大成效，而软抵触恰恰与这个规律相反，一些发展难题得不到解决，一些发展战略得不到落实，一些群众困难得不到根治，一些矛盾问题久拖不决，如此一来，必然影响本地区本部门工作的开展与落实，从而影响全局的改革与建设。

要治理软抵触的硬伤害，同样要从两方面入手。一方面，就是要加强理想信念教育。"软抵触"表现出的是行为方式问题，反映的是工作作风问题，内在根源是思想认识问题。领导干部应当率先垂范、以身作则，不能总是领导教育群众，机关教育基层，上级教育下级。同时，不断完善相关配套制度，注重解决制度建设存在的漏洞，着力解决原则性太强、针对性操作性不够，时效性差、互不配套和执行难等问题。另一方面，就是要加强执纪问责和通报曝光的力度，聚焦贯彻落实中央决策和上级部署要求不力、改革工作推进缓慢、群众诉求久拖不决、全面从严治党不力等重点问题，在党的建设、安全生产、生态环境、食品药品安全、行政审批、行政执法、公共服务等重点领域，盯住"关键少数"和与群众经常打交道的部门和工作人员，做实线索排查、问题查处、典型曝光等环节，构建拧紧压实主责、巡视巡察对接、部门联动联查机制，释放有权必有责、有责要担当、失责必追究的强烈信号，引导党员干部积极作为、奋发有为，努力成为清廉为官、事业有为的"两为"型干部。

牵走房间里的大象

岁末年初，又到了每个单位作总结、写计划的时候了。总结起来往往成果丰硕、成绩斐然，数字、事例那么一列，煞是好看；而计划起来往往指点江山、信心满满，形势那么一分析，愿景那么一谋划，振奋人心。

对于年终总结、年度计划，各个单位都是十分重视的，搞调研、开务虚会，座谈会一个接一个开，各级总结一层一层报，可不知是有意无意，总结与计划，总会忽略一个根本的原则——从解决问题的角度出发。

回顾总结走过的路、做过的事、取得的成绩，谋划全年的工作，很有必要。其中，对于曾经的承诺，特别是对于那些问题、差距和不足，坦诚面对、敢于认账、认真对账、扎实消账，显得尤为必要。

认账，就是去认领问题，去揭自己的丑。今天不揭这个丑，将来就会出更大的丑；今天不去解决问题，最终问题就会来"解决"你。然而，现实中当领导的不认账现象却屡见不鲜。有的喜欢争功诿过，见成绩和荣誉争着往前拱，一味往自己脸上"贴金"、往功劳簿上"贴花"，热衷于向上表功邀功，向下"施恩"，而对于工作中的毛病、问题和不足，讳莫如深，或闪烁其词、虚晃一枪，一味地掩耳盗铃、粉饰太平，甚至设立"禁飞区"，严禁他人谈及，否则立马"难看掉"；有的出了责任或事故，首先想到的是如何"封口""统一口径"，急着灭火而不是救火，急着撇清责任，或找人代过、推给他人，避之唯恐不及；有的对于决策失误，一味归咎于客观，对自身造成的过失、过错避而不谈、死扛硬撑，最后拍屁股走人；等等。

也有一些账，他们是会认的，但却不去消账。管理学中有一种说法："房间里的大象"，指某种巨大到不可能被忽视的真相，而事实上如此巨大的大象常常被集体忽视。这种集体沉默最耳熟能详的故事是《皇帝的新衣》，而这种现象在现实中正在一遍遍重演：有些对问题视之不见、听之不闻、置之不理；有些"光说不练"，嘴上说得多，实际做得少，认为每年开个会、讲个话、签个责任书就可以了，没有具体抓、抓具体；有的把问题大而化之，没有落细落实、抓早抓小；有的刚好相反，把不足大事化小、小事化了，最终纹丝不动，依旧如故。

于是就出现一些怪现象：有的不用对账，对之前的表态和承诺，对计划中明确的工作，语焉不详，只字不提，似乎压根儿就没有说过；有的总结计划，除了年份不一样，具体内容一成不变；有的问题轻描淡写、不知所云，制定的举措自说一套，完全没有针对性。正所谓："天下文章一大抄，看你会抄不会抄。葫芦年年依样画，画在纸上谁来瞧。"

看清房间里的大象却装着没看见，还要求大家都不看见，这就是典型的不担当、不负责、不作为的表现。出现这种现象，无非就是一个"怕"字。一是怕丢面子，总觉得自己功劳大，一定要装饰得很光鲜，有威信和尊严，这其实是一种不自信的表现。二是怕丢帽子，认了账，就是要负责任，就会影响上级领导和组织对自己的观感，就会影响自己的仕途，这是绝不允许的，哪怕只有一点点可能性。怕这怕那，其实就是私心在作怪，只考虑自己利益得失却忘了人民利益取舍，只顾及自己的面子是否受损却不管党的形象是否受损。

把房间里的大象牵走，就要以问题为导向，聚焦突出问题，对问题越有底数、研究得越深透，工作就会越主动、越有成效。而要做到这一点，就必须强调领导干部的责任心和担当精神，要少一些私心，多一些公心；少一些小团体利益，多一些国家利益；少一些官腔官调形式主义，多做一些实事关心民生。

领导干部就要有"当官避事平生耻，视死如归社稷心"的责任和担当，不避事、不推诿、敢担责。还账不赖账，交账不欠账，心中时刻有本账，经常算一算，敢于认账、常常对账、及时消账，才能让人民群众真正对你买账。

政"雾"公开

政务公开，能让使用权力者接受民众监督，用权阳光不妄为。对此，习近平总书记就曾明确提出，"要推进权力运行公开化、规范化，完善党务公开、政务公开、司法公开和各领域办事公开制度"[①]。

但现实中，在有些部门机构，所谓的政务公开变成了政"雾"公开，变了味失了真，或装聋作哑不执行不落实，或挖空心思搞变通玩花样。面对这刻意制造的朦胧境象，民众脸上写满了无奈与失望。由"务"到"雾"，凭空多出一个"雨"字，不仅模糊了百姓的视线，更是浇灭了百姓参政议政之热情。

有一种叫"想看的不让看"。少数干部"只唯上不唯下"，把政务公开当作上级部门交给的任务，只要公开了就算数，至于公开什么，全凭自己，什么群众需求、公开效果全然不放在心上，导致政务公开流于形式，脱离重点，比如，只公开成绩，不公开问题；只公开结果，不公开过程；只公开政策法规，不公开资金人事；只公开工作事项，不公开具体措施效果；等等。

还有一种叫"给看的看不清"。面对群众的"千呼万唤"，公开倒是公开了，却是"犹抱琵琶半遮面"，玩起了文字游戏，做起了官样文章，含糊其辞，故弄玄虚，挖空心思让人看不明白，让人看过一次

---

① 《习近平谈治国理政》第二卷，外文出版社2017年版，第298页。

就再也不想看，用防贼"招数"来防百姓。

如此政"雾"公开，细细想来，也不过出于以下几种原因。

一者，心有忌惮，不敢公开。公开，就意味着不论美的丑的、好的坏的都要暴露在民众的目光之下，受人评判。俗话说"不做亏心事，不怕鬼敲门"，行正方能坐端，若是用权规范，行事干净，公开不公开倒也无妨，怕就怕在办事用权方面有不规范处，甚至可能有违反原则、违反纪律、触犯法律的问题。往轻里说，可能是怕暴露问题、怕揭短、怕麻烦、怕引发矛盾；往重里说，可能就是怕挨处分、怕丢了官帽、怕受党纪国法的制裁！若真是行不正，心中有鬼，也无怪乎面对政务公开如此谨小慎微，防意如城了。

再者，力有未逮，不能公开。当前，政务公开的形式，除了政府工作指南、工作报告、政务公开栏等传统形式，更是增加了政务网站、微博、微信这些新兴媒体，而新兴媒体因为开放、便捷，越来越受人青睐。面对这个新形势，有些部门不思进取，抱残守缺，畏葸不前，把握不了新形势，适应不了新变革，把网络当作洪水猛兽，把科技当作牛鬼蛇神，对此避之唯恐不急，更别说好好利用作为放权便民的好手段了。如此一来，面对政务公开广泛电子化的滚滚洪流，就只能望洋兴叹，心有余而力不足了。

三者，官权本位，不愿公开。其实，除了上述两种情况，那些既有能力公开，又心中无"鬼"却不愿公开的也不在少数。缘何如此呢？一种观念认为，若政务都公开了，权力部门行事就没有了自由，如同戴上紧箍咒的孙猴子，天天面对这么多会念咒语的唐僧，再多的"本领"也没法施展，事事都没有了可以"操作"的空间；一种观念认为，官就是官，民就是民，官把权力分给了民，下放给了民，那我官威何在？再说，好不容易才到手的权力，怎么能说给人就给人？凡此种种，本质上还是受传统"官本位"文化的影响，把权力看成了个人的私有财产，放不下"官架子"，根本没有看清权力本来就是人民赋予的，必须要"取之于民，用之于民"，同时还要时刻受人民群众的监督。

俗话说，十次督查不如一次问责，对那些个"重雾区"，就得通过问责机制让该公开的公开，不仅要晒一晒其中的问题，更要晒一晒某些官员的错误观念，拨开云雾，曝曝光，杀杀毒，而那些公开中的问题终究也要通过公开的方式来解决！

欲望与心贼

最近一段时间，最热的词莫过于"消费"。从拼多多的走红到榨菜和方便面的热销，人们对消费降级的担忧或许是对消费升级期望的另一种表现。抛开经济数据不问，单纯从感官角度出发，到底是消费降级了，还是欲望升级了，抑或是兼而有之？大锅饭时期的饥荒并不遥远，从物质贫瘠的年代里拼命熬过来的那些人并没有忘记挨饿的痛楚，他们对四十年后的今天是满意的、感恩的，常挂在嘴边的一句话就是："你们呀真不知足！"他们对物质的需求简单朴素，粗茶淡饭足矣。

让没有经历过饥荒的人与上代人保持同样的物质精神需求水平是不合理的。心理学家马斯洛认为人潜藏着七种不同层次的需要，依次为生理、安全、归属与爱、尊重、求知、审美、自我实现，这些需求可说是层层递增甚至跳跃。每一层的突破并向深层需要升格，决定了人们能否认知自我，懂得审美，实现自我价值，最终成为一个真正的人。

纵观古代先哲会发现，明代王阳明的心学思想与马斯洛需求层次理论不谋而合，恰好映衬。马斯洛需求层次理论源于心理学范畴，需求来自人内在的心理感知，外在环境的刺激影响人们的需求层次，而当外在条件趋于稳定，高层次需求间的升格依靠个人力量突破。王阳明认为，"心即理"，天理在各自心中，而不在身外，"身之主宰便是心，心之所发便是意，意之本体便是知，意之所在便是物"。王阳明在《传习录》中提出："此心无私欲之蔽，即是天理，不须外面添一分。"天理是每个人固有的本性，天理就是良知，存天理就是致良知。好色、好利、好名等想法是要去除的私欲，闲思杂虑也是私欲，同样需要"格"，才能达到"物来顺应""廓然大公"的修为境界。格物的过程正如需求层级的不断升级改造，从物欲、权欲上升到自我认知和自我实现的境界，即除私欲、存天理的过程。

王阳明说："良知人人皆有，圣人只是保全无些障蔽，兢兢业业，亹亹翼翼，自然不息。"良知人人都有，但良知最容易被物欲蒙蔽，"若良知一提醒时，即如白日一出，而魍魉自消矣。"每个人要做的只是坚守良知，去掉私欲的障蔽，恢复良知本原而已。本体只有一个，就是良知，而脱离了良知本体的意识观念和想法，则是"非本体之念"的"私念"，天理之外的所有念头都是私欲，都应去除克治。反观如今的一些贪官污吏，他们多深陷在对物欲、对权力这些浅层需求的旋涡中难以跳出，源于良知都被物欲所遮蔽了。你看他们大多大腹便便，身材臃肿，脸泛油光，腕上烫金镶钻手表和腰间爱马仕腰带是标配，商标明晃晃地似乎是要向所有人宣告，我是"成功人士"，极尽豪奢，却毫无品位和审美可言，用身外之物找存在感，实则内心意识的极其匮乏。

为官一遭，金钱和权力就是人毕生追求的终极目标吗？那未免太过肤浅了。王阳明在少年读书时就有过这样的悟性，何为天下第一等事？恐非读书登第耳，读书志在圣贤。天下第一等要事不是考试做官，读书是为了做一名圣贤，无外乎达到自我实现的最高需求层次。

如何求天理，去人欲？王阳明又说："破山中贼易，破心中贼难。"的确，为官者的一重身份是寻常人，寻常人就会有私欲，为何要求他们必须做圣人？为官者还有一重更重要的身份是公仆，选择了这条路就要区别常人，克己私欲，破除物欲那一道难关，扫除一切障碍唤醒良知和内心秩序，追求更高的境界。

不畏浮云遮望眼，只缘身在最高层。跨过那一步才会有豁然开朗、柳暗花明的明朗爽快，你会发现人生境界升格是多么的惊喜，人心不再被物欲摆控，我心主宰一切，生活回归本来的单纯，一茶一饭总相宜。

都是肚子惹的祸

小的时候，奶奶给我讲过一个故事，说一只小老鼠钻进粮仓偷粮吃，眼见着粮仓里数不尽的粮食，小老鼠乐坏了，它拼命吃啊吃，吃啊吃，唯恐自己吃得不够多。当它酒足饭饱、心满意足想离开的时候，才发现因为吃得太多，肚子变得圆滚滚卡在了洞口，再也出不去了，最后的结局无非两个：如果运气好一直没被人发现，那还能等饿瘦了再逃出去；但更大可能则是免不了东窗事发，落个坐以待毙的下场。

有关老鼠的故事典故林林总总，但总体看来，大多是"老鼠过街，人人喊打"，不太受人待见，让人厌恶。比如形容坏人互相勾结的"蛇鼠一窝"，形容胆小怕事的"胆小如鼠"，形容神情鬼鬼祟祟、见不得天日的"贼眉鼠眼"，形容目光短浅没有远见的"鼠目寸光"等等，不胜枚举。凡此种种，概而括之有两条招致"人人喊打"的理由，一是昼伏夜出，喜欢背地里干些蝇营狗苟、见不得人的勾当；二是生性胆小怕事，却又喜不劳而获、贪婪成性。

以鼠喻"贪吏"，正是因为也存在"极少数领导干部"如窃鼠一般，"不能把握自己，私欲膨胀、以权谋私、贪污腐败"，面对金钱美色，对声色犬马深度迷恋、无法自拔，忘记了理想和信仰，最后不但积重难返，落得个家毁人亡的下场，更是给党和国家造成巨大损害。

"小老鼠"是如何从胆小本分的"老实人"，走上贪婪腐化的不归途的呢？我们不妨来想象一下"小老鼠"的心路历程。

第一次到粮仓洞口旁的时候，"小老鼠"只是出于好奇，虽然它知道钻到洞的那一头，自己就可以美美地饱餐一顿，但是它更明白那里是禁区，明白其中的风险和代价，因此，更多时候它只会远远地看一眼，再有甚者也不过小心翼翼地凑过去，伸头探脑地瞄上两眼就赶紧躲回自己洞里。

渐渐地，"小老鼠"开始受病态文化舆论影响，比如，"马无夜草不肥，人无横财不富"，"撑死胆大的，饿死胆小的"，"小老鼠"虽然并不认同，但投机的种子已然悄悄埋在心里了。

一次偶然的机会，"小老鼠"发现几个老鼠朋友，并不用像自己一样，为寻找野草种子而日夜奔波，却每天锦衣玉食、怡然自得，经过几番探查打听，"小老鼠"才明白它们并没有把那些纪律规矩奉为圭臬，每天往返粮仓之间，以偷食为生。辛勤劳作的只能勉强果腹，不劳而获的却衣丰食足，强烈的不公平感开始冲击"小老鼠"脆弱的内心，在这种攀比之下，心理逐渐失衡，原本坚定的信念开始动摇。

眼看着越来越多的"老鼠"加入偷食者的队伍，而向自己一样守本分的却所剩无几了。偷食的人自然形成一个圈子，"小老鼠"因为没有选择与大家"同流合污"而只能在被孤立中备受煎熬，受到群体压力。"小老鼠"暗暗地观察，发现那些偷食者并没有因为自己的不劳而获受到制裁，它再也不想因为无谓的安守本分放弃锦衣玉食的生活、放弃团体的认同与温暖，"小老鼠"慢慢放松了警惕，加入偷食者的队伍。

第一次偷食的时候，"小老鼠"紧紧跟在其他"老鼠"后面，蹑手蹑脚大气不敢出一口，一有风吹草动便急忙从粮仓里"抱头鼠窜"，唯恐避之不及。第一次得手后，"小老鼠"便喜上心头，从此也轻车熟路，屡屡尝到甜头后，胆子便越来越大，一次次侥幸过关都成为对其偷食的强化，不断刺激其贪婪的心，粮仓也从最初的禁忌之地变成贪腐温柔乡，直到最后贪婪成性，满载无归……

"小老鼠"一路走来，饱受"磨炼"：有病态文化观念的浸染，有对"周围人"的模仿学习，有盲从，有攀比，有群体压力，也有心理失衡，还少不了粮仓庾吏的疏忽放任。当"伸手"变成一种习惯，"小老鼠"便不满足于仅仅饱餐一顿，开始变本加厉，忘乎所以，竭尽全力去胡吃海喝，无所不用其极，直到看到自己圆滚滚的肚子、深陷囹圄难以自拔时，才幡然醒悟，才明白之前的种种行为实在是作茧自缚，罪有应得。到最后，不但要把吃进去的原封不动地吐出来，还要受到严惩。

如此看来，一个被卡的"老鼠"不是因为被撑大的肚皮所误，而是被贪婪之心所害；一个贪腐"鼠辈"的养成，绝非一朝一夕之效，故其克服根治也不能贪一时之功，除了严抓严管打好治贪打腐的组合拳，更要培育滋生清正廉洁之土壤，播种向上向善的种子，要明白除掉田间杂草最好的方法不是用铲子铲、用火烧，而是必须先种卜庄稼，这样杂草生存的空间就越来越小。

有一种虫叫"臭虫"

"老虎"被喻指位居高层的腐败官员,"苍蝇"被形容成身处基层的腐败官员。除此之外,还有一种虫——"臭虫",他们发不了老虎那么大的淫威;也没有苍蝇那般肮脏猥琐。"臭虫"的生存特点就是躲在阴暗处,不引人注目,但对人与社会的危害并不亚于老虎与苍蝇们。

"臭虫"或是领导身边的红人、"贴心人",或是上级器重的能人、干将,要风得风,要雨得雨。他们一般有三个特点:一是臭,他们的臭不同于虎、蝇之臭。他们是领导的"马前卒",行事只顾讨上级欢心,完全不管群众死活;他们又是领导的"代理人",群众敢怒不敢言,而出事自有靠山"罩着",不用他们负责任;他们善于狐假虎威,借助上级的权力和信任为自己谋私利、寻特权,"臭虫"们都是在肮脏的地方摸爬滚打爬出来的,那些无视群众、伤害群众的事他们一点儿都没少干。

"臭虫"另一个特点是小,因其小而无孔不入,小而不易察觉,小而令人寒心,小而为数众多,小而难于治理,小而对百姓造成的伤害更直接。他们享受着当官的小确幸,打着自己的小九九,不一定飞扬跋扈,但仍然可以作一下威,欺负欺负人,享一下福,找找当大老爷的感觉。

"臭虫"最大的特点是生存能力强。又奸又滑,在高压反腐的天网下，他们能毫发无损，安然无恙，上不了纲，到不了线，巡视不到，监督不怕。他们通常都很"聪明"，面对各种从严治党的政策，面对越扎越紧的笼子，他们都能想出应对之策：不能宴请领导了，但可以陪同领导用早餐；不能搞列队迎送了，但可以请领导检阅成果；不能进入大酒店、娱乐场所了，就钻进居民区里、山沟沟里，大隐于市小隐于林，重新开辟奢靡之地；见到群众也会笑脸相迎，但事不关己，就会高高挂起，面对群众困难也会置之不理，久拖不决。

"臭虫"们都很"精明"。他们清楚政策的红线在哪里。管得紧了，就会退一步；管得松了，就敢进一步。他们有很强的自我保护意识和能力，有的能抱住某个保护伞，让自己有更大的"活动"空间；有的在政策之间游刃有余，知道哪里有漏洞，哪里可以打擦边球，他们可以游走于违纪违法的边缘，从表面上看滴水不漏、无懈可击，不会留有漏洞，不会留下把柄。这种润物细无声式的侵蚀同样破坏良好的政治生态，助推腐败的滋生和蔓延，影响社会道德和人们的价值取向。因此，在"打虎""拍蝇""猎狐"的同时，还要大力"灭虫"。

"灭虫"，首先要解决苍蝇、老虎的问题，让臭虫没有依附之地，堵上他们权力寻租、利益交换的空隙，从根本上清理掉"臭虫"的生存之所。另外，要深化干部的选任改革，不能只重程序而忽视质量，特别要加大"德"的比重，剔除那些隐藏起来的"臭虫"，对那些群众有举报、事项不报告、善献媚、善忽悠的干部，要加大考察力度，宁缺勿滥。

由于"臭虫"们一般谨小慎微，比较胆小，要真正运用起监督执纪的"四种形态"。组织该出手时就出手，不能听之任之，不能两个标准，更不能护着哄着。要让干部能够知早知小，防微杜渐；对问题查实的要顶格处理，不能大事化小、小事化了；对已经开始滑向违纪违法深渊的"臭虫"，就要痛下狠手，此时再不从严处理，就会眼睁睁地看着另一只绿头苍蝇飞起。

处分，不能一处了之

随着党中央从严治党、反腐倡廉的不断深入，一批官员或锒铛入狱、身败名裂；或身背处分，警告记过，得到了应有的惩罚。群众拍手称快之余，疑问也随之而来：这些人所造成的损失和恶劣影响应该如何清除？

官员违规、违纪、违法，必然是以损害国家利益、公共利益、他人利益为代价的；必然是以败坏风气、破坏政治生态，贻误地区发展为代价的；必然是以培植个人势力、与他人沆瀣一气，拉帮结派为基础的。如果仅仅是将干部一处了之，而这些影响不清、这些流毒不除，恐怕不是从严治党的本意，更不是群众所盼所愿。

干部处分了，但那些害民祸民的政策还在，受害的百姓们依旧无处伸冤；那些错误决策的影响还在，受害的企业依旧无法翻身；那些政治打压的影响还在，无端被整的干部依旧无处施力。一座座烂尾楼还矗立街头、一条条断头路还在阻碍发展、一个个"冤魂"还在偷偷哭泣，只有那一个个当年的追随者，已然找到了新主子，照旧狐假虎威、威风八面。

特别是那些只是受到警告、受个处分的官员，百足之虫，死而不僵。当年的影响还在、当年的马仔还在、当年的交情还在，如果被处理的官员假借"为民谋利"之名，还能获得一些额外的同情，获得部分不明真相之人的格外关照。于是，等影响期过去，等大家慢慢淡忘，这些人又开始蠢蠢欲动。他们首先要做的是，查找当年"害"我之人。是谁告的状？谁举的报？此"仇"不报，誓不为人，必会竭尽自己所能，动用所有资源，掘地三尺，不找到"害"我之人绝不罢休。其次，还要推而广之，对那些站在自己对立面的、当初看热闹的，能报复的报复，能拉下马的拉下马，总之要找些垫背来同归于尽，也是一快事。至于工作，我已受到处分，消极怠工、称病休息、工资照领，也在情理之中，大家都会理解。如此一来，毒瘤依旧，侵蚀政治生态的因素依旧。

当前，中央正在不断肃清大老虎留下的流毒，号召广大党员干部以那些严重违纪案件为反面教材，从党性原则和政治立场的高度，吸取深刻教训，站稳政治立场，分清大是大非，锻炼对党绝对忠诚的政治品质，把纪律和规矩挺在前面，始终做政治上的明白人、纪律上的规矩人。

"打虎"同时要"拍蝇"，与大老虎相比，普通百姓感触更深的还是身边的那些苍蝇，被拍后是否还在贻害百姓，是否还没有完全清除。应该说绝大多数受处理的干部都能痛定思痛，自我改造，自觉提高"四个意识"，回归到党的怀抱中来。但不排除某些人会因此而心态失衡、忿忿不平，忘了自己给党和政府带来的损失，只觉得自己劳苦功高，是被人恶意举报给害的，如此下去，只会继续滑向深渊。

"人非圣贤，孰能无过"，过而能改，善莫大焉！每个人都会有自己的缺点，都会犯错误，普通人如此，共产党的干部也不例外。惩前毖后、治病救人，既是我们党加强自身建设的一贯方针，也是我们党永葆肌体健康的重要法宝。对犯了错误的同志不能一棍子打死，任何政策要看效果，惩罚单个人是次要的，让大多数人警醒是最主要的。那些知错能改的干部，仍然是革命队伍中的一员，要继续呵护、帮助其成长。

当然，也不能"把错误变成肥料"，要标本兼治、肃清流毒。如果说把对官员进行处分比喻成"打雷"的话，那么，对处分后干部的管理和改造便是"下雨"。要更加强化管理、帮助其改正错误，不能官位不在官威犹存；不能人走茶不凉，不敢安排工作，不愿让"老领导"累着；不能冒充"大尾巴狼"，耍小性子、闹小情绪；不能任其我行我素，无所顾忌。要引导其摆正心态，多从理想信念、宗旨意识等方面开展教育，要清楚很多"老虎"都是从"苍蝇"慢慢长大的，处分也是一种保护，应该定位好角色，端正态度，做到知错就改，在新的工作岗位上要尽快适应，讲规矩守纪律。

对受处分干部要强化监督与管理，量化考核指标，明确内容，细化程序，一视同仁，公正公开透明地考核评价，给予群众充分的发言权、监督权。对人浮于事、不干事，利用过往的余威仍伸手、屡教不改的现象要坚持"零容忍"，发现一起，查处一起，坚决肃清官场的歪风陋习。

信任，不是一天建立的

近日回老家，听到一位在镇里工作的朋友发牢骚，吐槽基层工作太难做。他举了两个例子：一是镇里某重大工程经过大半年的努力终于准备开工了，但在工作现场，突然冒出几个人，拦在挖掘机前，指着前面摆的几盆葱，不给两万不让动工。第二件事是台风最高峰时，镇内的一条主要河道有决堤风险，镇里组织人手日夜监护。一天夜里，一群当地的小年轻，醉醺醺地晃到堤坝上来，指指点点："防什么防，最好淹了，下半年又可以到县里去上访，政府赔了又可以买新的。"

我无奈地笑了笑。类似的情况听到过不少，有的地方精准扶贫，贫困户们就什么事都不干，只会伸手要补贴，反正你得养我；有的地方改造城中村，村里就集结一些人，除拿正常的补偿之外，还专门阻拦"三通一平"，从中敲诈牟利。而群众对政府的工作不理解、不支持，甚至撒泼耍赖，不是一天就变成的，有历史的原因，也有体制的根源。

首先，一些政策没能让群众真正获利，反而有一种被"欺骗"的感觉。特别是一任领导一个想法的现象严重。新官上任，总要有一些新的想法，往往就会搁置甚至"推翻"前任的一些政策，直接让群众利益受损；也有些地方领导与群众达成协议时，往往从个人意志出发，程序不规范，甚至不符合规定要求，结果出现"白条政策"，到最后根本无法兑现。这些在群众的观念中，都会被解读成一次又一次的"欺骗"。

其次，有时政府的手伸得确实过长。基层干部对此可能感受最深：什么事都想承包，结果什么事都管不好，反而什么责任都要承担，从而造成群众过度依赖政府。特别是在一些重大民生问题上，很难把握这个度。以扶贫为例，有少数贫困户对来家里帮扶的干部很麻木，认为干部比他更着急，他不脱贫是干部交不了账，于是抱着"我是穷人我怕谁""我是老百姓我怕谁"的心态，把家里的大小事情都推给干部，反正你要给我管到底的。

最后，是对一些无理需求的放纵，并让其他人纷纷效仿，逐渐形成了社会现象，再去治理就非常困难了。现在凡是遇到民众抗议，其结果基本上都是政府收缩回来。如果最后真的解决了，不管有理无理，都得先用钱把路修通、铺好。而基层干部在遇到一些具体的事件时，或受制于规定要求，或惧怕监督曝光，只能选择一忍再忍。

如果失去了百姓的信任，政府就失去了赖以生存的土壤。从前动员群众，只要一声号令，而现在恐怕政府不出点血，群众很难动起来，这种仅靠简单的金钱来维系的关系，显然不符合国家治理体系构建的要求。

而信任，不是一天就能建立的。针对文中所提的三个病因，中央都已给出了药方：关于政策的连续性问题，习近平总书记曾强调："对定下来的工作部署，要一抓到底、善始善终……要有'功成不必在我'的境界……像接力赛一样，一棒一棒接着干下去"[①]；关于政府过

[①] 《习近平谈治国理政》第二卷，外文出版社 2017 年版，第 146 页。

度监管的问题，政府要还权于市场，还权于社会，习近平总书记说："坚持社会主义市场经济改革方向，核心问题是处理好政府和市场的关系，使市场在资源配置中起决定性作用和更好发挥政府作用"①；关于群众工作的技巧，习近平总书记则说："要面对面、心贴心、实打实做好群众工作，把人民群众安危冷暖放在心上，雪中送炭，纾难解困，扎扎实实解决好群众最关心最直接最现实的利益问题、最困难最忧虑最急迫的实际问题。"② 这些决策要求，都需要各级领导干部认真理会，摆正心态，规范言行，依法依理落实群众路线要求，从而逐步建立与群众之间的良性互动、深度信任。

---

① 《习近平谈治国理政》，外文出版社 2014 年版，第 95 页。
② 《习近平谈治国理政》第二卷，外文出版社 2017 年版，第 364 页。

典型的典型

前不久，一友人因被评上"先进"而烦闷。个中缘故令人唏嘘。近两年，其因工作负责踏实肯干，且在自己的领域取得了不错的成绩，被评为"先进"算是实至名归，让他作为"典型"去作报告，带动下身边的人本来是件值得高兴的事儿，后来却慢慢变了味。有领导为了扩大"影响力"，费尽心思为他"扬"长"避"短，硬是把他包装得"尽善尽美"。背负着"组织"的信任，这位朋友一次次顶着"光环"去"推销"那个陌生的自己，慢慢的，别人看他的目光开始不一样，他在工作上也没有了底气。

友人的经历，并非个案，反映了典型培树中诸多问题的一个侧面。扩而大之，在现实中也不乏类似的例子，"一心揽功"喜欢"摘桃子"的有之，对虚假典型不闻不问"不长眼"的亦有之。习近平总书记在福建考察时，就对这些情况专门提出批评，有的地方抓党建，长期在几个点上打转转，甚至用拔苗助长的方式栽培典型，用"开小灶""吃偏饭"的方式催生典型，结果不仅不能以点带面，而且助长虚浮之风。其思考不可谓不掷地有声、发人深省，其剖析不可谓不一针见血，鞭辟入里！

"典型"一词，由来已久。道德教化，正气弘扬，大抵有两个手段：一曰规范约束，一曰示范引领。规范是明文规定或者约定俗成的标准，以语言形式设规矩，重在"言传"；示范则是在现实生活中树立榜样，以身作则树典型，重在"身教"。相对于冷冰冰的文字规范，典型更加生动、有温度，又被称作看得见的哲理、行走的旗帜，所以抓典型普遍用在引导人崇德向善上就不足为奇了。

"典"字，最早是"五帝之书"，从字形上看也是"册在丌上"，被隆重地摆放在祭坛上，后来逐渐衍生出"标准""高贵庄重"之意。典型，广义上是某一类人或者事物特性的标准形式，但我们通常说的"典型"实际上是"先进典型人物"的简化，说起典型就少不了先进性、代表性和群众性几个特征。也就是说，典型要从群众中来，有广泛的代表性，更重要的是要有好的品德、好的业绩。

典型理应能够引路，当下却出现了如习近平总书记所批评的种种"例外"。如此一来，典型终究只是"盆景"，成不了"苗圃"，不得不引起我们深思。

抓典型就是要以点带面、以少总多。"点"的挖掘贵在真实。信得过、学得会是典型引路的基石。有的干部觉得，典型一定要足够"典型"才能有"轰动效应"，才好宣传好推广，才有激励引导的作用。如此便全然不顾客观事实，只顾妙笔如何生花。或者一味吹捧拔高、揠苗助长，让典型戴上高帽、踩上高跷、穿上圣衣，给当事人绑上"道德枷锁"，平地而起，高高在上，仿佛一个不食人间烟火的偶像，仅仅用来供群众仰望、膜拜，却永远可望而不可即；或者一味地包装修饰，让典型浓妆艳抹、改头换面，为此不惜弄虚作假。典型宛如一个任人打扮的小姑娘，先是化化妆盖掉零星的瑕疵，再加一个滤镜美白抛光，脸型不好还可以 PS 修图或者索性重新整容塑形，如若不够，大不了就偷梁换柱，来一个"狸猫换太子"。如此培树，不仅助长了虚浮之风，更是凉了多少务实重干的好干部的心。

以点带面，关键还有一个"带"字，也就是如何引路的问题。有的单位部门认为典型工作很好做，有说的、有写的、有看的就行了，因此，抓典型不过是"一树了之"、应付了事，典型树起来了，戴红花，作报告，坐前排，一时热热闹闹，过后却疏于管理，以致一些典型昙花一现，甚至走向反面；有的把培树典型作为一项"政绩"来抓，只管向上汇报邀功，典型是口头汇报中的典型，是交流材料中的典型，是给领导看的典型，所以抓典型就是要大排场大声势，要锣鼓响天、轰轰烈烈，报告一场又一场，"通告"一个接一个，结果只能是"典型"疲于奔波，群众"审美疲劳"，引路不成，反而加重了负担，进而导致大家对典型工作的厌倦反感。

一个好的工作方法，运用起来为何收不到应有的效果，细细想来，还是一些领导干部思想认识和工作作风上存在偏差。无论是吹捧拔高，还是包装修饰；是走走过场"一树了之"，还是大张旗鼓劳民伤财；说是政绩观问题也好，说是形式主义盛行也罢，归根结底还是没能摆正"向上看"还是"向下看"，是"为民"还是"为己"的问题。如果树典型只是为了应付上级讨好领导，而不是服务群众；是要为自己的提拔晋升铺路，而不是为群众引路，那上述的诸多怪现象也都解释得通了。若只是个别领导如此也就罢了，但若形成如此氛围，那就后患无穷了。

转　发

　　前些日子，见了几位同在党政机关工作的故交。这样一群所谓的"内部人"坐在一起，自然聊的也就是现在官场的一些现象。在这期间，其中一位长期在基层工作的老友大倒苦水。他说，现在基层越来越难啊。老百姓有需求，要想办法解决，不能像以前一样，找个理由打发回去。可是解决要么要钱，要么要政策，都需要上级支持。按程序，就要打报告，可这报告打上去就一去不回了，每次去打听，不是说还在研究，就是说需要更高层级才能批。老百姓着急了，来找我们闹，着急了推搡两下也有，我们还要跟着赔不是、求谅解，总不能在老百姓面前把责任都推给上级吧，这工作实在难做。

　　这位老友说的这种现象，我开始以为只是他们一个机关的事，哪料想其他几位"内部人"也纷纷附和起来。还说，这种现象确实越来越严重了。以前找上级批个事情，也不用什么程序，领导大笔一挥，马上就能办。现在呢，一个文件层层传阅，不知道谁来点个"办结"；一个主题的会议一次次地开，就是没见有"纪要"下发；就是单位内部那点事儿，最怕就是"一把手"外出学习，他不回来拍板，大家就都得等着。他们戏称，自己现在也感受到了人民群众被"踢皮球"多不好受了。有人还结合当前流行的互联网思维，给这种现象命名为"转发"，因为这种现象与互联网上的微博、朋友圈转发类似，除了起到通知的效果，并没有发挥解决问题的作用。

后来，对于"转发"在党政机关里面的兴起，我也借着各种机会去问过其他一些领导干部其中的原因。他们往往都说是"怕出事"。他们总是说，虽然"当官不为民作主，不如回家卖红薯"的道理都懂，但是事到临头，总还是有几分怕；万一决策失误，讨来个"问责"或更严重的处罚，那还不如保持原状，什么都不做。这乍一听，似乎也有点儿因委屈而有理，但是细细想来，就越发觉得不是味儿。

在我看来，有的领导干部的怕，是没有摆正自己的位置，没有想明白问责等制度出台的缘由。党和国家出台有关问责制度，是为了促进领导干部能够切实履责，能够更好地为人民服务，如果领导干部对问责制度能够做到这种层面的理解，那总归也会在制度允许的范围内，去解决一些事情，不会什么都不去做。如果是不肯而不能为人民服务，那就违背了制定问责制度的本意。再退一步说，文件的转发、会议的召开等，也是对行政资源的一种浪费，归根到底，损害的还是人民群众的根本利益。这样的领导干部深究起来，就是把自己的乌纱帽放在了人民群众的利益之上。

有的领导干部的怕，性质就很是恶劣了。他们的怕，并不是敬畏，而是发自内心地对全面落实从严治党以来各项制度的一种"无声反抗"。他们现在是打着"怕问责"的旗号，给自己找一个不作为的理由。试问，他们在没有问责制度的时候，就有全心全意为人民服务的心吗？恐怕更多地是为自己服务，再顺便给人民群众施舍一些吧，也就是所谓的"上面吃肉，下面喝汤"。现在什么都不做，其实是在摆一种类似于小孩子耍死赖的态度：你看你要管我，那我就躺平不做事了，我自己不吃肉改吃饭，下面的人呢，汤也不要喝了，快饿死的时候，只要下面的人叫一叫，我看问责制度就会松了，又可以接着过以前的日子，好好吃肉了。

还好，现在这样的问题已经引起中央及地方层面的高度重视。习近平总书记就曾严肃地指出，"为官避事平生耻"①，并对如何治理包括这种"空转"在内的各种"为官不为"现象从总体上给出了思路。中央全面深化改革领导小组也提出："对敷衍塞责、拖延扯皮、屡推不动的，对重视不够、研究甚少、贯彻乏力的，要进行问责。"②一些省份还进行了正面激励的探索。例如浙江省就下发文件，要求全省各地建立改革容错免责机制，鼓励领导干部勇于担当。这些都为打破"转发"现象提供了外界动力。但是，从根本上来说，解决"转发"或者其他的"为官不为"问题，靠的还是领导干部自身要扭转观念，牢固树立正确的权力观。

---

① 《习近平谈治国理政》，外文出版社 2014 年版，第 415 页。

② 《盯着抓 反复抓 直到抓出成效》，《人民日报海外版》2016 年 2 月 24 日。

尖角蜻蜓立 不染出淤泥 遠觀不

褻玩 連起無窮碧

己亥秋月趙青雲

冰雪林中著此身

自有傲骨滋赤魂

孤立严寒不畏寒

只迎乾坤万里春

己亥春月 青云

亮与黑，就在转身间

习近平总书记曾经指出："大量案例表明，权力越大，越容易出现'灯下黑'。"①

"灯下黑"，是人们在照明时，由于灯具自身的遮挡，在灯下产生阴暗区域。如今，在反腐战场上引用"灯下黑"，从狭义上理解是负责打击非法行为的机关内部，本身易于存在非法行为，而总书记所说的"灯下黑"，更多的是指广义上的范畴：官员在明知各项法律法规、管理规定的前提下，或仍我行我素、置之不顾；或对身边、眼皮底下发生的问题不闻不问。

产生"灯下黑"的原因可能是先天不足，看不清自己，身处阴影不自知，稀里糊涂，苟且度日；也可能是故意藏匿，不愿看清自己，让别人也看不清，黑灯瞎火好办事。但无论哪种情况，是自己躲在灯下，还是庇护家人，都是由于三观不正，定力不足，才让私心杂念有了作祟的空间。这号人，手握光源而遮遮掩掩，让灯光变了质，最终沦落为灯下黑、迷途羊；习惯于只顾肆意享受光源带来的热量和光明，一味睁大眼睛，一门心思去看清世界，去审视别人，却把自己置于光影下，只照他人，而不照自己。于是，眼睛被蒙蔽了，手握权力，却肆无忌惮，陷在香车豪宅、金钱美女、锦衣玉食中浑浑噩

①　习近平：《在第十八届中央纪律检查委员会第六次全体会议上的讲话》，人民出版社 2016 年版，第 5 页。

噩、无法自拔；于是，自己就凌驾于法外了，身居高位要职，却知法犯法，对别人吹毛求疵，对自己自由放任，毫不自警，其危害何其巨大。

避免发生"灯下黑"的方法有很多，最简单的方法有以下两个。

一种方法是多设几个光源，利用不同光源的对射，相互消除阴影。从政治生态上讲，这些光源就是周围群众的眼睛、基层群众的眼睛，毕竟"群众的眼睛是雪亮的"。就是要落实"四种形式"，强化各类监督，发动群众、依靠群众、相信群众，让群众来评议、监督、举报，那么灯下自然就会亮起来。

还有一种方法就是放一面镜子，利用光的反射，消除灯下之黑。这就要求领导干部，要"吾日三省吾身"，要敢于负责，敢于面对矛盾、解决问题，敢于在查摆问题和开展批评的过程中把自己摆进去，目光不要总是聚焦在别人身上，要以普通党员身份，以更加虚心的态度，听意见，摆问题，抓整改，从自己做起。

"月黑风高夜"，一些见不得人的勾当往往会在黑暗中进行，一些居心不良者往往喜欢把自己藏进暗处。领导干部若不能以身作则，必是"上有所好，下必甚焉"，特别是身边之人，必然会变本加厉地狐假虎威、欺上瞒下、以权谋私，甚至做出各种违法乱纪事件来。问题虽然出在"身边人"身上，但根子却在领导干部身上。身边人的喜好选择，折射的是领导干部的生活情趣、价值取向；身边人的作风，常常是领导干部个人作风的延伸。

行不正、管不好，只会让灯下阴影越来越黑，范围越来越大。因此，不仅领导干部自己要常修为政之德、常怀律己之心、常思贪欲之害、常弃非分之想，紧绷清廉之弦不放松，筑牢抵御歪风邪气的屏障，还应要求"身边人"不为利所动、不为名所累，经得住诱惑、耐得住寂寞、守得住清贫。只有把"身边人"管好了，互相监督、互相促进，才能不为人所利用，才能遏制"递延权力"，共同筑起拒腐防变的稳固防线。

光影之间，有着鲜明的界限，紧紧相连，可能就是一个转身，就能转暗为明。由黑转到亮，关键是领导干部要主动、自觉地把自己置于光线之下，要有坚定不移的信念，有光明磊落的胸怀，身正才能不怕影子歪；不仅要照亮他人，也要敢于照亮自己。因为，亮，对自己也是一种保护。

祛病除疴

制芰荷以为
衣兮集芙
蓉以为
裳不吾知
其亦已兮
苟余情其
信芳

痛 与 通

中医有话：痛则不通，通则不痛。世上最难通的，恐怕就是政令畅通了吧。

政令不畅通，即上面的要求下面不执行，百般抵制；上面的话下面不服从，当成耳旁风；上面的指示下面不落实，阳奉阴违。你若真动硬，我便俯首谄媚；你若风吹杨柳，我便恣意横行。上行下不效，各打小算盘，心里自有一套"小九九"。

现实中"上有政策，下有对策""有令不行，有禁不止"屡见不鲜。每见于此，不禁感叹：中国人真是"聪明"。不管上面推出什么政策，总能找到相应的对策。即便在全面从严治党的今天，随着监督手段的不断加强，应对的方式也在不断完善。他们求隐，手段更高明、更隐蔽、更不易被发现；求小，即便被发现了，也动不了筋骨，无伤大雅，然后再积少成多；求通，搞"土政策"，打"擦边球"，"明修栈道，暗度陈仓"，总能找出一大堆理由、方案和举措来遮掩、来推卸。或是在贯彻中塞进地方主义、本位主义的私货，利用政策执行和政策检查中的不完善之处，使不执行政令有了"合法性"。

政令不通最直接的原因就是利益。当下级利益与上级利益有冲突时，个人利益与集体利益有冲突时，有利于本地区、单位的内容就落实、照办；为维护整体利益、要求本地区、单位做出某些牺牲的内容就搁置、舍弃，使政令变得支离破碎，甚至歪曲精神实质。于是，政策执行就变成一个虚假的形式和过程，通常是新瓶装旧酒，管你风起云涌，我自岿然不动。更有甚者，一些手握人民给予权力的人，觉得自己处处比中央聪明，在利益面前置中央要求于不顾，置组织纪律于不顾，置党纪国法于不顾，为个人私欲胆敢不执行文件，胆敢把国家和人民利益踩在脚下。

说到底，这是自由主义的一种具体表现。在他们眼中，党的路线、方针、政策和决议，法律、法规、条例和制度都是可以锁进抽屉里的。做，或者不做，他们都有办法做到"依法依规"。更要命的是，这些干部在不把中央和上级要求当回事的同时，却又在自己的领域制造出特有的"政治纪律"，于是违反上级要求不管不问，违反了他们的要求就要被砸饭碗。"这里是老子的天下""顺我者昌，逆我者亡"，这一切，无疑是政令不畅的梗阻所在。

贯彻执行党的路线方针政策是必答题，不是选择题。如果各吹各的号，各唱各的调，政令不通，难达人和，损害的是中央权威、人民利益、党和政府的形象，全面深化改革的发展大计也就变成镜中花、水中月。

不通之痛，如何解之？头痛医头、脚痛医脚肯定不行。若以西医治之，当全面检查身体各项指标：政策的出台是否符合实际，有没有成为个别部门利益的收纳盒，是否便于下级或者基层的操作与落实；权力的分配、制约和监督机制是否完善，集权与分权是否有利于政策的落实；信息的传达与共享是否到位；班子配备、干部素养，特别是一把手的政治觉悟是否达到要求，有没有过于重能轻德，弱化了干部"三观"这个总开关；等等。然后再分而治之，该做手术的做手术、该切除的切除、该化疗的化疗，力求药到病除。

若以中医疗之，当以气养身。下令者和执行者的目标要一致，都是为了民族的发展，为了人民的福祉，而不是为了实现和维护本级利益，只要保证政令本身代表了人民群众利益，而执行者亦是真心用这些政策为人民群众谋福利，则打通了任督二脉，其他一切问题，都一通了之。欲达此疗效，则必须大力弘扬社会主义核心价值观，引导各部门、各地区、各届、各级、各方都以实现中国梦为目标，自觉实现好、维护好、发展好人民群众的根本利益，若能如此，何愁此病不愈。

望 的 方 向

有一次在机场出口，碰到一位熟人，身处副厅多年而未重用，但仍精神抖擞。寒暄之后得知，是有上级领导前来视察，特来迎接。诧问："'八项规定'之后不是不让接机了吗？"此人笑答："千里而来，总要有个安排，我以个人身份来，不算组织行为。"

回想此人，一直沉迷于察言观色之道，热衷于汇报，喜欢在领导面前图表现，善于根据上级脸色的变化机智调整讲话内容，接待任何领导都能相谈甚欢，留下美好印象。因此，但凡有个与上级接近的机会，定是鞍前马后，乐此不疲。正是深谙此道，一路顺风顺水走到副厅的位置；而也正是过于钻研此道，多年未被提用。想必接下来几天，这位老兄定是不会离此领导身边半步了。

察言观色，正如中医四诊中的"望"，通过观察人的神、色、形、态的变化，了解人内心的所知、所思和所想，从而达到更好的沟通效果，是立足社会的一项基本技能。

诚然，领导干部应该眼观六路、耳听八方，但如果沉溺于此道，怀着目的去表演、去做秀、去琢磨人，报喜而不报忧、忽悠而不坦诚，不正视问题、不解决问题，工于心计、隐瞒事实、粉饰太平，等到露出马脚的那一天，必然而会招人厌恶。

党员干部的注意力应该望向何方，自己心里应该有个清晰的方向。如果一心扑在奉承上，把谄媚当作能力，把阿谀当成事业，将取悦上级作为自己努力工作的方向，将领导脸色作为评价的标准，只顾抬头看天，不知低头看路，自然就不清楚脚下是什么情况了，就容易迷失双眼、迷失方向、迷失自我。

如此费尽心机，唯领导脸色行事，有机会要往上凑；没有机会，创造机会也要往上凑，所求为何？

无非都是被利益驱使。此类人，觉得自己早已看透官场规则，知道如何行事才能事半功倍，知道自己的成绩是由谁评价的，自己的前途是由谁掌握的，自己的利益是由谁赋予的，在他们眼里，能给他们利益的是上级领导，决定他们命运的是上级领导，自然眼里只有上级领导。群众路线教育似乎对他们起不了什么作用，正如他们所说，"道理都是对的，但我们要看现实"。

其实这是一种舍本逐末、目光短浅之举。"知屋漏者在宇下，知政失者在草野。"党员干部真正该"望"的不是个别上级的脸色，而是群众的脸色。一个人的精力毕竟是有限的，过多地投入到领导身上，自然就忽视了百姓的疾苦，于是就成了习近平总书记所说的"两面人"："有的修身不真修、信仰不真信，很会伪装，喜欢表演作秀，表里不一、欺上瞒下，说一套、做一套，台上一套、台下一套，当面一套、背后一套，手腕高得很"①。

把目光聚焦到群众身上，就是要把那些原先放在上级领导身上的心思、感情、力气都改放到群众身上，一切工作为群众，多去琢磨群众的喜怒哀乐，多设身处地地站在群众的角度看问题，多把力道用到

① 习近平：《在第十八届中央纪律检查委员会第六次全体会议上的讲话》，人民出版社2016年版，第20页。

刀刃上，切实解决群众迫切需要解决的问题。要真心实意关心群众的冷暖安危，为群众办好事实事，把群众的满意度作为衡量工作成效的唯一标准，如果群众愁眉苦脸、闷闷不乐，那肯定是工作没到位，服务没到家，困难没解决。此时，口号喊得再响亮，总结写得再漂亮，都是没有用的。

先把群众的工作做好，再转过身去面对上级领导，去真实地汇报情况、反映问题、提出建议，少些套路，多些真诚，争取政策，取得支持，然后，还要再回到群众身边，服务群众、关心群众，如此形成良性循环，形成良好风气，方是正道。

近闻，此老兄由于群众积怨过多、过深，已被调离原岗位，但愿经此一事，他能清楚，自己的目光到底应该望向何方！

闻 的 内 容

唐朝时，武则天的面首张宗昌深得武则天宠爱，当时有人称赞他："六郎面似桃花。"只有杨再思说："不然。"张宗昌问原因，他故弄玄虚："哪里是六郎似桃花，分明是桃花似六郎呀！"听到如此顺心顺意的话，张宗昌瞬时心花怒放。而在阿谀之词日益丰富，拍马之技日益提高的今天，杨再思、张宗昌之流仍不时现于世。

在人民出版社出版的《廉镜漫笔——十八大以来党风廉政建设漫画解读》一书中有一幅叫《舒服》的漫画，就是描述这种场景：一个小丑，坐在一个阴暗的角落里，手中拿着小喇叭，吹出来的音乐飘飘悠悠就传进了一位官员的耳朵里。官员听着这些靡靡之音，满脸惬意，连哈拉子流出来而不自知。

是什么东西吹得官员如此享受，无非是三种内容：一种是"唯唯诺诺"，讲一些溜须拍马的话。就如杨再思，对准领导的喜好，用巧妙的语言进行奉承和抬举，找一些诸如领导英明、玉树临风、不同凡响、全民敬仰的溢美之词，再配上谄媚的神情，让人通体舒畅，痛快淋漓，飘飘然而欲罢不能。另一种是"影影绰绰"，讲一些捕风捉影的话。"听其言，洋洋满耳，若将可遇；求之，荡荡如系风捕景，终不可得。"讲话做事不讲公正心、宽容心和进取心，揣着明白装糊涂，做一些"指鹿为马"的事；假借人云我亦云，做一些"别有用心"的事，拿到领导面前吸引眼球，哗众取宠。还有一种是"是是非非惑惑"，讲一些搬弄是非的话。趋炎附势，张家长、李家短，有的喜欢指点他人，把别人的缺点放大，添油加醋，把别人的优点弱化，轻描淡写，把别人的功能转化，占为己有；有的为达目的胡编造谣，混淆视听；有的利用在领导面前的话语权，暗箭伤人，杀人于无形。

此类人，大多是领导身边的人，揣摩过领导的心思，多能在领导耳边说得上话，且能句句说到领导心坎上。动用这么多心机的目的，首先是为了搏得领导欢心，为自己扶摇而上打好基础；其次是为达到个人的目的，或为获取私利，或为打压他人，只要他的话能潜移默化地让领导接受，必是有利可图。

小人常有，而君子不常有。特别是身居领导岗位，或多或少会碰到此类"长戚戚"之人，关键是要有自己的原则和判断。奉承话、是非话，流言蜚语，都是一种谎言、一种欺骗，摧残领导者的心灵，败坏社会风气。而有些领导干部，听到来自群众意见、建议后不舒服，如坐针毡，很是反感，而对那些虚情假意的恭维话、言不由衷的违心话、肉麻不堪的奉承话，则感到兴奋、喜悦，乐享其成；对那些影响团结、搬弄是非、暗中争斗的现象乐见其成；对那些脸皮厚，能够"口吐莲花"、忽悠扯谎的人看着顺心、聊着开心、用着放心。

说话听声，锣鼓听音。领导干部要善于对下属各种话语进行汇总、分辨、梳理，要有一个清晰的判断，"言不取苟合，行不取苟容。"要像中医中的"闻诊"，不能仅仅听声音，更要静下心来，保持初心，细细体会患者语言气息的高低、强弱、清浊、缓急等变化，才能分辨病情的虚实寒热。好听顺耳的话只是表面现象，更要多问几个问题：对方的出发点是什么？真实的情况是怎样的？其他的看法有哪些？等等。因为，往往这种话的背后都隐藏着倒钩，蕴含着"杀机"，常成为一些佞人实现卑劣目的的惯用伎俩。要清醒地听、警惕地听、客观地听，才能分辨"谀词"和"良言"、"善人"与"恶人"，才不会在众多的信息中迷失方向，不会被奉承之语捆绑了手脚，更不会放任那些恭维奉承成为官场的常见病、多发病、流行病。

谄媚之言甘，而贤良之言直。正如习近平总书记所说："兼听则明，偏听则暗。领导干部要广泛听取各方面意见，集思广益，特别要善于听取逆耳忠言，不断提高判断是非的能力。"①而不是等到有一天，变成漫画《舒服》中所言："终有一朝深宫锁，早不识人间烟火。"

---

① 《习近平同志在中央党校 2008 年春季学期第二批进修班暨师资班开学典礼上的讲话》，《学习时报》2008 年 5 月 26 日。

问 的 方 法

朋友是一乡镇干部，近日聊起某县领导，赞叹不已，问其缘由，原来：朋友陪其到某困难户家中慰问，进门后，领导二话不说，直接走到米缸前，掀开就看。朋友说，这说明两点：一是该领导很清楚，米缸里的现状最能代表困难户家里的真实情况；二是该领导很清楚，困难户的米缸会在哪个位置，熟门熟路。

一个简单的动作，真实地反映出一个领导是否真的深入群众。党的群众路线教育实践活动结束已近两年，有些领导老毛病似乎还未改过来，或者又打回原形，深入群众，就像踩着高跷：你说他没深入群众吧，他确实来了；你说他深入群众了吧，他确实只看到一些表面现象，真实的情况什么都不了解。

深入不下去的原因有很多，有理念的问题、有思想的问题，但很多还是方法的问题。人都来了，就是扎不下去，蜻蜓点水，浅尝辄止，有的是听从地方安排，照着事先准备好的路线和台词走一遍，坐着车子转转，隔着玻璃看看，这叫"走马观花"；有的仍然摆着领导的架子趾高气昂，前呼后拥，气势"宏大"，人人敬而远之，这叫"上街巡游"；有的是不会说百姓的话，听不懂百姓的声，正如习近平总书记所批评过的"不会说话"："与新社会群体说话，说不上去；与困难群众说话，说不下去；与青年学生说话，说不进去；与老同志说话，给顶了回去。"① 这就成了"对牛弹琴"。如此这般，又怎么能够了解到基层的实际情况，怎么能够了解到群众想什么，需要解决什么问题呢？

不会说话，如何问计于民？想起国际刑事鉴识学专家李昌钰的一件轶事，李昌钰侦办过许多刑事案件，被称为"现场之王""当代福尔摩斯"。有一次，一名美国警察问他："那么多的案子，您是怎么找到证据的？"他说："我归纳了7种简单方法——站着看、弯腰看、腰弯深一点看、蹲着看、跪着看、坐着看、各种方法综合起来看。"

这个方法对领导干部深入群众同样有效，最起码的，就是要把身段放低一点，低一点，再低一点，更低一点。一个人的真实想法，直接决定你的姿态和语言，如果官员的心里充满傲慢与偏见，以官老爷自居，觉得自己高高在上，不可一世，有能力控制百姓的命运和生死，甚至把那些爱提意见、或方法不妥、或意见后来被证明是错了的人视为"刁民"。这种恃强凌弱、欺压百姓的人，这种随便站一站、看一看、问一问的人，是听不到群众的真实言语、真情告白的。

毛主席说："群众是真正的英雄，而我们自己则往往是幼稚可笑的，不了解这一点，就不能得到起码的知识。"② 人民群众是创造历史的真正动力，群众中蕴藏着极大的积极性和创造性，领导干部只有端正态度，才可能真正在心里尊重群众，尊重群众的创造力，拜人民群众为师，不装样子，不摆架子，只有心里装着群众事，才能口里说着

---

① 习近平：《干在实处　走在前列——推进浙江新发展的思考与实践》，中共中央党校出版社2006年版，第419页。

② 《毛泽东选集》第三卷，人民出版社1991年版，第790页。

百姓话，才会自觉融入百姓中。

令人不解的是：不管事实如何，领导每次下基层，都会说收获颇丰、成果显著。而真正评价下基层的效果，是看你到底听到多少群众内心真实的话。不知从何时开始，无论是基层官员，还是普通群众，都学会了说场面话，赞扬很高调，意见很表面；成绩很突出，问题很微小，究其原因：一方面是帮助政府完成接待任务，你好我好大家好，少点事情，应付算数；另一方面也是在观察，看你是不是真心来听民声、晓民意、解民困的。

因此，领导干部与群众接触时，必须蹲下身子，放下架子，抹下面子，让群众当"主角"，自己当"配角"，特别是在群众有苦有难的时候，在群众工作、学习、居住、活动的地方，与群众同吃、同住、同劳动，面对面地交流、心贴心地沟通，这样群众才能够和你说真心话、说贴心话、说悄悄话，领导干部才能够真正了解群众的所思、所想、所盼。

总之，听懂了群众真实的心声，才能懂得群众为何而苦、因何而乐，也就明白了自己该如何为群众祛苦，让群众快乐，有了这种百姓情怀，群众怎会不拥戴。

切 的 效 果

去年春节，某主要领导去基层慰问干部职工，恰遇一职工，由于有些个人诉求多年未得到解决，并向其作了反映。领导认真听了情况汇报后，留下一句话："放心，我会带回去研究的！"慰问在轻松详和的气氛中结束了，领导在职工期待的目光中潇洒地走了。

在这一年里，这名职工虽然没有得到过任何反馈，但他的工作积极性有了明显提高，他坚信领导是关心他的，组织是重视他的，单位是记得他的，他坚信自己个人问题的解决指日可待。

马上又到春节了，职工的情绪发生了明显的变化——一些人焦躁、抵触、叛逆，并开始逐步影响了身边一部分人。

轻轻松松的一句话，在领导看来，也许只是普普通通的一句场面话，谁知职工这么天真这么傻，会信以为真，看来问题都在职工身上，毕竟于领导无损，他还是一位高大上的领导；而职工呢，给了希望后，再被晾回去，就像捧起来，再被摔下去一样，无奈、失望，甚至绝望，这样的伤害是可想而知的。

面对群众的问题和困难，领导们有两句话仿佛成了标配：一句是"你按规定办"。没错，凡事都有规定，又符合时代主论调，不用动脑筋，不会有风险，不会有责任，轻松简单，不用做后续工作，没有后遗症，就此完事。另一句就是"我们会带回去研究"，此话相对婉转一点，没有把话说死、说绝，算是缓兵之计，至于最后结果如何，那就请你慢慢等待下回分解吧。

　　碰到这种情况，群众是可气又可恨，敢怒不敢言，只能感叹领导真是有水平：把话说得滴水不漏，无懈可击，让人抓不到什么把柄，说不出什么不对，找不出有什么问题，只能是信以为真，或者假装信以为真。

　　很明显，这是一种不负责任的行为。遇到群众有困难怎么办？第一步，就是要切准问题的性质，切中要害才能对症下药。就像中医问诊时的切脉，两指一搭，去探寻那点细微的变化，抓住每一点可能的信息，去比对各种病例曾经的症状，只有这样，才能得出准确的判断。针对不同的问题，不能简单地只看表面，不能粗暴地进行定性、回绝或拖延，这是对百姓不负责任。而是要结合各方面的情况，不放过任何一个细节，进行综合分析，才能准确掌握户情、社情、问题实情及来访群众的思想状况。

　　对不同的问题，一定要分类处理，绝不能用一两句话打发、敷衍了事。能够马上解决的就应该马上给予解决，智慧地按下"快进键"，打开绿色通道，尽快给群众一个满意的答复；能够想办法解决的要想尽一切办法解决，抓住问题的根本，不要被细枝末节所劳累，不要等万事俱备才动身，能解决多少就解决多少，逐步推进，逐步解决；一时不具备解决条件的要积极向群众解释清楚，不能虎头蛇尾，雷声大雨点小，或者怕麻烦不想解决，更不能开空头支票，跟群众玩心机，忽悠群众。

　　问题解决了，事情并没有就此结束。有些领导，感觉自己为群众做了一点点事情，就等着盼着群众来感恩，要人投之以桃，报之以李。虽不至于吃拿卡要，但总想让人对其尊敬三分、言听计从、顶礼膜拜。这还是一种封建思想的残余，对权力的错误认识，把权力作为培植个人威信的工具。

　　其实，干部所做的一切，群众自然都会记在心里，如若自己时时挂在嘴上，时时以功臣自居，以恩赐者的姿态接受感谢，时时对群众提出更多的要求，来达到感恩的标准，工作的出发点就错了，工作的性质就变了，工作的意义就失去了。

　　发现问题、分析问题、解决问题，需要智慧；而坦然面对成绩、面对功劳，更需要智慧，如此，才能达到切的最佳效果，才能真正体味群众内心的欢欣，感受群众质朴的情怀。

主力军与阻力军

近年来，中央政府深入开展反腐倡廉建设，打"老虎"拍"苍蝇"，显性腐败较以往大大减少，然而在新常态下，干部队伍中"为官不为"的隐性腐败现象正在不断漫延。

"为官不为"的原因，或许是由于获利惯性的终结所造成的。有些官员，把吃、喝、玩、乐、额外福利、灰色收入等等，作为对他们工作辛苦和奉献的补偿，而反腐把这一切反掉了，这个等号不成立了，心理也就不平衡了。官员，也曾是时代的弄潮儿，是发展的主导者和参与者，但面对形势的变化、知识的更新，不少原来管用甚至主导一时的思想理念和管理模式已经不再适用、逐步走向淘汰，不愿意改变自己，也不愿意别人改变，仍旧沉浸在功劳簿里。但改革的步伐不会因个别阻挠而停滞不前，发展的方向也不会因个别人事而偏离轨道，至此，当年的主力军就难免变成阻力军。

解决"为官不为"的问题，防止主力军变成阻力军，面临的是一个重塑干部动力机制的课题。这是一个与"反腐""推进国家治理体系和治理能力现代化"都有着莫大关联的新课题。解决这个新课题，就要跳出"官场"这个范畴，从其所处的整个生态系统中的三个主体：政府、市场、社会入手，帮助公职人员不断调整和定位，在改革事业发展中、在人类社会文明发展进程中找准属于自己的位置，发挥自己应有的作用，形成相互依赖、相互促进的动态平衡状态。

政府要严法。"法者，天下之程式也，万事之仪表也。吏者，民之所悬命也。"依法治国的主体是政府，实施主体是政府的官员。就是要通过坚定的法治理念、明确的政策导向和完善的法律体系，真正做到"法无授权不可为"，让社会各界不别亲疏、不殊贵贱、各司其职；让各级官员明确自己该干什么，怎么干，往哪儿干，规范规矩，不再迷茫。

市场要从道。市场有其自身的发展规律和发展模式。要道法自然，听从市场本心，顺应市场规律。要以供给侧改革、需求侧发展为导向，不断推进社会主义市场经济体制的公平、公正、公开，让权力运行在阳光下，彻底摒弃一切企图操控市场、垄断市场、干预市场的歪门邪道，让投机者无缝可钻，让官员止步双重身份。

社会要重德。社会是官员的精神摇篮。在个人主义恶性膨胀、社会诚信不断消减、伦理道德每况愈下等社会难题不断凸显的今天，更加需要大力继承和弘扬中华民族的传统美德，用仁者爱人的宽广胸怀来引导风气、仁义正派的道德氛围来约束行为，营造夫妇和睦、邻里相亲、社会和谐的良好社会氛围。让麻木不仁、冷漠乖戾、背信弃义的官员被唾弃、被感召、被教化，从而向上向善，消除恶念。

总之，明确政府、市场和社会的分工，划清彼此的界限，政府不去替代市场和社会所能发挥的活力，也不允许市场侵蚀官场和社会。用法律形式界定三者的活动范围，各自发挥各自的作用，从政府的角度规范，从社会的角度监督，从市场的角度引导，形成完善的公职人员动力驱动机制，从而杜绝"为官不为"现象的产生。

官员忌"飘浮"

年轻人的街舞中有一种形式称为飘浮，其步轻盈，飘然如行走云端，给人以空灵之感。而在时下官场，也有一种作风叫飘浮，玩的却是另类的腐败艺术，让老百姓很是厌烦。俗话说，官员的档案在百姓心中。老百姓最忌恨说话轻飘飘，办事风飘飘，做了一丁点事儿就飘飘然的人。

史上因做事飘浮而误大事者多矣。战国有赵括者，不求实干，却崇尚理论至上，只把纸上文章做得花哨，结果长平一战，兵败如山倒，强盛的赵国也从此走上了下坡路，中华词典上也多了一条"纸上谈兵"的成语。三国的马谡也是以飘出名，底气不够信心超然，仅凭良好的自我感觉为人做事，结果要隘失守，将蜀国拖入被动，也因此丢掉了脑袋，戏剧史上也多了一出百看不厌的《失街亭》的经典曲目。

回头再看如今的官场，所谓官僚主义也好，形式主义也罢，都是飘浮者。有的官员权力攥得很紧，责任推得很远。有的喜欢争名，不爱实干，常常是当着人前拍胸脯，事后总是掸屁股。这些人总是把功劳归于自己，将不足推给别人，谈思路头头是道，落实工作却躲得远远，正所谓措施一条条，豪言一串串，官话一套套，到头来全是装装门面摆摆样子而已。所有这些"飘技"，说到底就是耍小聪明，花样再多，却万变不离其宗，都是无求真务实之心，哗众取宠而已。因此说他们是"飘官"，一点也不为过。

　　这些飘浮者有一个共同点，就是怕苦怕累，心态浮躁。他们忘记了认识来自实践的道理，工作作风也就出了偏差。在思想作风上他们忘了群众是老师，实践是课堂，所以就成了"墙上芦苇，头重脚轻根底浅；山间竹笋，嘴尖皮厚腹中空"。

　　飘浮，无疑是求真务实的大敌，是奋发进取的路障。其华而不实的做法，显然与脚踏实地、真抓实干背道而驰。我们要戒轻飘，就必须坚持实事求是，弘扬求真务实的作风。不能崇尚空谈，不能光谈不做。如果只重"唱功"，不屑"做功"，不思作为，总爱做秀，只图表面，不求内质，干工作摇摇摆摆，做事情飘飘荡荡，再好的路线方针政策也会变成一纸空文。对于有的人急于出名，不是扎扎实实在抓落实上下功夫，搞一些形式主义的行为，我们就要有措施治之，决不能给那些整天飘飘荡荡、不干实事，搞"花架子"的人以任何好处。领导干部应该视"飘浮"为耻，崇尚实干，真抓实干，撸起袖子加油干。

怡心养性

出淤泥而不染

濯清涟而不妖

壬戌夏 赵古云

规则与生存

法安天下，德润人心。规则，既有道德层面的约定俗成，也涉及法律层面的相关规定，是法治社会的重要组成部分。《中共中央关于全面推进依法治国若干重大问题的决定》指出：要强化规则意识，倡导契约精神，弘扬公序良俗，用良好的道德风尚引领全社会。

没有规矩，不成方圆。文明社会发展到今天，规则早已无处不在，从作息制度、卫生要求、礼貌习惯到交通规则、公共秩序，从家庭生活规则到社会生活规则，从工作守则到道德法则，规则时刻影响着我们的生活。而我们对规则的遵守又恰恰关乎着个人、家庭乃至整个社会的安定、进步与文明。

现实社会中，由于行人擅闯红灯而引发交通事故，由于游客擅闯景区禁地而发生死伤悲剧，由于一次"伸手"终至触犯党纪国法的惨痛案例还少吗？不少人因一时之快、一己之欲、一念之差而与规则背道而驰，却最终葬送了自己的前程。覆水难收，绝不是我们愿意看到的，我们不想再发生诸如动物园猛兽伤人、交通事故、贪污腐败等无可挽回的事件。因为这样的场景，我们宁愿永远都不要发生。

遵守规则，就是奉献社会。规则是社会秩序的基本底线，明知故犯是文明社会进步的桎梏。人类世界、沧海桑田，每个人来到人世间，无论年纪、学识、职业、财富多么不同，都希望一生安好。那么作为社会的一分子，不能仅仅只是痛陈违反规则的社会乱象，更要从我做起，做规则的倡议者、捍卫者、传播者和守护者，实现社会的和谐有序。

当面对各种各样的规则约束、形形色色的利益诱惑时，你心中的天平，偏向了哪一侧？"勿以恶小而为之，勿以善小而不为。"古训犹在，可我们对自己的要求却并不严格。试问，我们有几个人能说自己从未违反过"排队绝不插队、停车绝不挡道、乘车先上后下、绝不随地吐痰、绝不乱扔垃圾、绝不踩踏草坪、绝不乱刻乱画、公共场合绝不高声喧哗"等规则？

仁义礼智信、温良恭俭让、忠孝勇恭廉。中华民族的道德伦理准则、传统美德由来已久，孔融让梨、程门立雪、曹操断发、一诺千金……文明礼仪、遵纪守法的故事至今脍炙人口。前事不忘，后事之师。在全面建成小康社会的新的历史时期，我们又该依靠什么传承华夏五千年的文明礼仪和风纪良俗？历史的车轮滚滚向前，社会文明进步终究要落定在每一位国人的一言一行、一举一动上。

两百多年前德国哲学家康德曾经说过，有两种东西，我对它们的思考越是深沉持久，在心灵中唤起的赞叹和敬畏就越历久弥新，一是我们头上的星空，二是我们心中崇高的道德法则。崇尚道德，遵守规则，这是为人处世的基本要求，是一种健康的行为方式。倘若这是正确的，那就让我们在生活的柴米油盐里保持温暖平和，在工作的岗位上谨守职业道德。请将自警、自省、自重、自律铭刻于心，为你心中的价值观注入不竭的活氧动力。愿我们的子孙都生活在与违反规则彻底绝缘的社会里，愿今天这样沉重的价值观命题永远无需再提起。

为政岂能"要感恩"

某领导调任外地，离任之前，在下属各个部门逐一进行告别，每见一人，必谈当初对其如何培养；每进一室，必讲当年对部门如何重视，对年轻同志大谈如何看好并一再重用；对领导干部大谈如何费尽周折才提到此位。职工听后颇为诧异，不明白该如何感谢领导的大恩大德。在现实中，类似的现象并不少见：有些干部办了点事情，就让群众送锦旗、写表扬信；稍有些成绩，逢会便讲、逢人便说，唯恐他人不知。

在当前倡导求真务实作风的大形势下，在去除唯GDP的理念转变下，有些干部以往那些表功劳、显成绩的方式不再有市场了，因此就失去了方向，感到茫然。但是他们爱"耀"的心态并没有减弱。他们总是想尽一切方法，不放过任何机会来标榜自己，体现自己的成绩和作用，生怕别人不知道自己有多辛苦、多勤奋、多能干，不知道自己多有才、多有功，不知道花了多少精力、心血。

而"找"与"要"几乎是与"耀"同步的。他们笃信"朝中有人好做官"，于是四处活动，八方打点，不见"贵人"不罢休，把"找到人"作为捷径，并乐此不疲。倘若前两招失效，那么就直截了当地"要"了。一是向上级要，觉得自己资历够了，成绩足了，该到更好的位置了。二是像文章开头的那一幕，即向下级要，把暗示大写在脸上，花了力气给你办事，竟然没点表示，竟然还不听我的摆布，真是碰到了个木头疙瘩。

如果连要也要不到，就开始"闹"了。他们信奉"爱哭的孩子有奶吃"，遇到一点不称心，便按捺不住、激动不已，立马找领导要说法、讨结果，甚至三句话没说完，便拍桌子摔杯子。最后变得心理失衡，于是乎"告"。揭发坏人坏事、检举违法违纪，是权利也是责任，但有的人却捕风捉影、恶意造谣，四处告状。凡此种种，皆以精致利己为初衷，却往往以害己而告终。

对这种"要感恩"，群众或碍于面子，或担心被领导拉开距离，大多会附和几声、表示一下。但其实，老百姓是最懂感恩的，组织的眼睛也是雪亮的。谁真正在办实事、做好事，他们看在眼里、记在心里。习近平总书记在《之江新语》中曾专门提到，"领导干部要想真正在群众心目中留下一点'影'、留下一点'声'、留下一点印象，就要精心谋事、潜心干事，努力为人民多作贡献，而绝不能靠作秀、取宠、讨巧，博取一些廉价的掌声"[1]。领导干部要牢固树立人民群众才是历史主体的马克思主义唯物史观，摆正党群、干群关系，把政绩看作分内职责、底线要求，从而破除领导干部的"官本位"意识和"官老爷"作风，破除群众对领导干部的感恩戴德心态。

公道自在人心，功过自有定论。面对名利、面对荣誉、面对得失、面对利益要多些坦然，少些执念，不妨多些愚钝，少些聪明。"小九九"打多了，"小聪明"耍多了，不仅劳心累人，而且无助无益。"离任"就是一面镜了，百姓从中看出了清廉与政绩，群众从中读出了胸襟与情怀，留给后人的是深思和回味。

---

① 习近平：《之江新语》，浙江人民出版社 2007 年版，第 25 页。

柳風沐雨立蒼穹
傲雪凌霜闢天公
端正去崖抒同心
青山無憂不老松

己亥春月 青雲

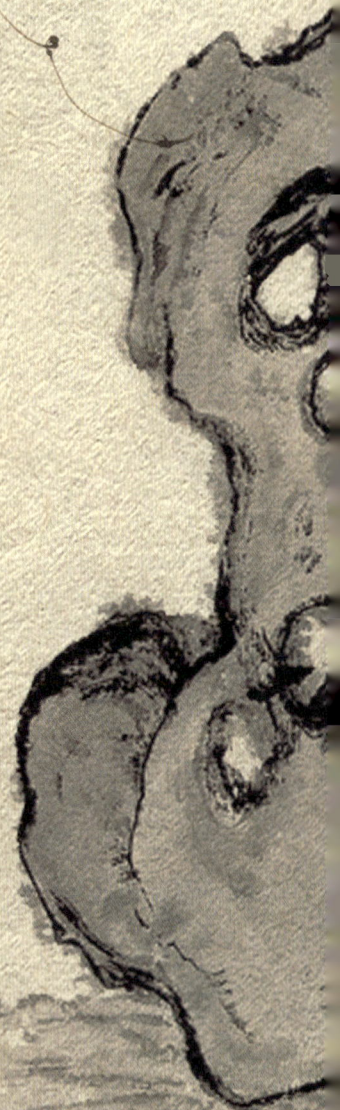

春暮紫藤串串開
疑是彩雲下蓬莢島
誤花香隨入夢
長歌唱起新時代
己亥春月青堂

领导干部的"琴"技

　　要求领导干部学会"弹钢琴"，最早是由毛泽东同志在《党委会的工作方法》中提出的。至 2013 年 12 月 27 日，习近平总书记在中央军委深化国防和军队改革领导小组一次重要会议上，再一次提到这个话题。他不仅对干部的"琴技"提出"要学会弹钢琴，把握好各项改革任务的关联性和耦合性，避免畸轻畸重、顾此失彼，避免各行其是、相互掣肘"①的具体要求，更是就学习毛泽东同志《党委会的工作方法》做出重要批示，要求各级党委（党组）领导班子成员特别是主要负责同志，都应该好好学习这篇文章，掌握科学的工作方法。

　　两位党和国家领导人，均把全面考虑、科学安排的工作方法比喻成"弹钢琴"，可谓形象而贴切。领导每天面对的事情和问题大多比较繁杂，包罗万象又瞬息万变，一不小心就会顾了这头，忘了那头，"按下葫芦浮起瓢"，忙得找不着北，结果却是事倍功半，效果不佳。当用力去按下葫芦的时候，殊不知另外的问题已经产生，措手不及之余只剩下惊慌失措，正所谓"这边忙开庆功宴，那边问题又抬头"，结果只能是疲于应付，苦不堪言。

　　怎样才能弹好琴，关键是要照着谱子弹。弹琴不能"没谱"，有谱才有方向，有谱才能步调一致。心里要有"总谱"，做任何事情都

---

① 中共中央文献研究室编:《习近平关于全面深化改革论述摘编》，中央文献出版社 2014 年版，第 120 页。

要按照一定的规则、标准、流程以及套路来。当前，做好工作就要准确把握中央相关工作精神的要义，并将其自觉融入思想和血液当中，形成个人的坚定信仰和不懈追求，形成符合本单位实际的分谱。在弹的过程中要"靠谱"，不能脱离谱子自己乱弹一气，有的干部有问题不当问题来抓，没问题却当问题来干，迟早要出大问题；有的干部不把上级要求当回事，不把百姓意见当回事，自搞一套，瞎折腾，乱折腾；有的干部追求形式的翻新，实实在在的问题不去解决，只干玩弄概念和文字、哗众取宠、吸引眼球、显示政绩的事，这都是工作"没谱""不靠谱"的表现。

有谱是第一步，弹琴还要各司其职地弹。钢琴上有 88 个琴键，10 个手指要弹 15 个声部，只有明确分工、明确职责，掌握好指法，各司其职，相互配合，才能弹好琴。因此，领导干部要把每个"琴键"都摸透，每一项工作、每一件事情都要了解清楚，真正弄明白群众在哪里、在想什么、在做什么、需要什么，不能主观臆断，研不求深，一知半解，食而不化。然后要让 10 个手指都动起来，各单位、各组织、各岗位各尽所能，上下一致，紧而不慌，忙而有序，不能紧握拳头不动，更不能弹"生硬琴"，弹"霸王琴"。

照着谱子，各司其职地弹，只能算是弹琴，离弹好琴还有很长的距离，其中，最重要的是把握节奏弹。同样的谱子，不同的人有不同的理解，弹出来的效果也不一样。把握好节奏，该快的快，该慢的慢，快慢有序，张弛有度，把控好工作节奏，调节好工作状态，才能挥洒自如，得心应手。该轻的轻，该重的重，要突出主旋律，弹好重音符，重要工作要集中力量去攻关，复杂问题要调动资源去解决，同时，也要注意伴奏的合鸣与烘托，既突出重点，又照顾全面。该急的急，该缓的缓，影响群众切身利益的，百姓反响强烈，要急事急办，特事特办，快刀斩乱麻，力求快说快干，立竿见影；而条件不成熟的，发展时机未到的，结果的优劣还无法把握的，要缓一缓，放一放，不要为了做而做。

弹琴的本领，来自群众，来自实践，只有心神合一，反复历练10 个手指上的功夫，做到全局在胸，心中有数；做到协调各方，聚心聚力；做到统筹兼顾，张驰有度，才能弹得一手好曲子。

领导干部的"棋"艺

都说棋道纵横捭阖，谋的是战略，下的是战术。然而，无论何种棋类，都有其固有的游戏规则，凡学棋之人，必先从了解其规则开始，才能逐步了解棋之奥义、棋之道。

正是这些最基本的规则，才使棋类游戏有了自己的独特魅力，建起了整个棋文化的基本架构。下棋若不讲规则：无气之子不死，有气之子被取走，就不是下围棋；马不跳日象不走田，就不能称之为象棋。推而广之，世间万事万物都有其立足于世的基本规则。

领导干部从政，应遵守的最基本的规则就是政治纪律和政治规矩。此为各级党组织和全体党员在政治方向、政治立场、政治言论、政治行为方面必须遵守的规矩，只有遵守政治纪律和政治规矩，才能维护党的团结统一，才能保证党的建设的健康发展。

政治规矩并不空泛，而是具体到党员领导干部日常工作生活点滴之中的。习近平总书记有话在先，要求党员干部"自觉讲诚信、懂规矩、守纪律，襟怀坦白、言行一致，心存敬畏、手握戒尺，对党忠诚老实，对群众忠诚老实，做到台上台下一种表现，任何时候、任何情况下都不越界、越轨"。①

现实中有种人，总是"不想被约束而突破规则界限"。他们将自

① 《习近平在辽宁考察时强调深入实施创新驱动发展战略》，中央政府门户网站，2013年9月1日。

己视作一只可以横冲直撞的"象"，可以迈着大步，肆无忌惮地朝着楚河汉界对岸走去。

究竟是什么样的"象"会如此嚣张跋扈？只会是那些手中握有权力，而思想政治不坚定，又缺乏自我约束的官员。可以想见，这些官员在自己所谓的"地盘"是如何作威作福，视百姓为无物。即便如此，他们还觉得不够，还要去做那些超出权力、滥用权力、亵渎权力的事，去做那些突破"底线""红线""高压线"的事。

下棋有一个规则，叫"落子无悔"，官员的所作所为，百姓都记在心里，贪官落马了，百姓拍手称快；清官调离了，百姓百里相送，官之视民如手足，则民视官如腹心；官之视民如犬马，则民视官如国人；官之视民如土芥，则民视官如寇仇。为官一任，应造福一方，而不是只顾着如何施展自己的影响力，彰显自己的霸气。

领导干部有必要从遵守最重要、最关键、最根本的政治规矩做起，按规行事，依规用权。在规则的框架范围内，发挥聪明才智、胆略战略，运用排兵布阵、统筹兼顾、随机应变、协同作战等各种领导艺术，把每一个棋子的作用发挥极致，下好每一步棋，举一观三思十，从而下活整盘棋。

领导干部的"书"法

书法是中华民族最具有经典标志的传统文化符号之一。历代名家层出不穷，灿若星河。然而，书法流传至今，其味道竟也发生了变化，特别是在"书法＋官员"之后，一些不和谐的因素开始凸显。影响恶劣的，是有些所谓的文人官员，借书法爱好之名，来谋权谋私。

爱好书法，可修身养性，也能陶冶情操，是值得鼓励的。但对于掌握公权力的官员而言，个人爱好就不完全是私人的、日常的小事情，而是关系到能否廉洁公正行使权力、能否抵御住由个人爱好所引发的权力腐败的大问题。

苍蝇不叮无缝的蛋。官员的个人爱好，最易成为别人"投其所好"的突破口而滋生腐败。在"官本位"的思想环境下，一旦官员的个人爱好达到一定的水准和影响，就难免被无限拔高，助长了那些溜须拍马、阿谀逢迎的歪风邪气，腐蚀了正常的政治生态。正如楚王好细腰，便有了"嬛嬛一袅楚宫腰。那更春来，玉减香消"。一个活生生的例子：胡长清当年到处施展自己的书法才华，一时洛阳纸贵，求字者趋之若鹜、络绎不绝，价高而不可得。而一旦他被查处，便一夜间，洪城内再不见其题字踪影。面对自己在个人爱好上达到的"非凡境界"，官员自身应该有一个清醒的认识：这番众星捧月、万人敬仰的背后不是因为你的艺术造诣有多高，而是因为你桌上那只笔、抽屉里那枚魅力无穷的红章。赖昌星有一句话："不怕领导讲原则，就怕领导没爱好。"一语道破官员爱好与贪污腐败之间的关系。在权力无法得到有效约束的情况下，官员过多地"秀"自己的个人爱好，就容易出现种种跑偏。

"好船者溺，好骑者堕"。在众多贪腐案件中，我们不难看见，爱好差不多已成为贪腐官员的"软肋"，一些居心叵测、唯利是图的人，总是会想方设法从官员身上寻找突破口：你喜欢打球，我就想办法以球会友；你喜欢摄影，我就安排全球采风、组织展览拍卖；你喜欢研究国学，我就送你古董字画；你喜欢书法，我就高价购买。时间长了，那些信念不坚定的领导干部，就很容易降低防范意识，被这些所谓的志同道合者的小恩小惠所裹挟。

汉之字，横平竖直，端正平稳；书之法，笔随心动，正气昂扬。这正如书法所用的毛笔，笔尖柔软顺滑，随势而动，如同做人，要根据客观环境、因地制宜，切不可过于刚硬；而笔杆则是笔挺笔直，刚正不阿，如同做人，要有坚定的信仰和意志、坚定的原则和立场，这是不容妥协、逾越和交易的。

国人自古以来都讲究以气养字，字如其人，推崇技高而德更高者。著名宋四家"苏黄米蔡"中的"蔡"，有蔡京与蔡襄之争。蔡京的书法姿媚豪健，痛快沉着，造诣极高，富有新意，也更能体现宋代"尚意"的书法美学情趣，因而在当时就已享有盛誉，朝野上庶学其书者甚多。但由于他品质恶劣，名声太臭，导致徽宗亡国，后人更加倾向于认为"蔡"指蔡襄。由此可见，书法亦志于道，据于德，依于仁，游于艺，观其字，而更重其品。

"一撇一捺写个人，一生一世学做人。"爱好当有度、当纯洁。中央一再要求领导干部要"生活正派、情趣健康，讲操守，重品行，注重培养健康的生活情趣，保持高尚的精神追求"。作为领导干部，要有高尚纯洁的爱好，增强自律意识，恪守为官从政底线，不可肆意显摆，不把爱好变嗜好，也不把爱好与工作混为一谈，真正将爱好与权力区分开来，否则，一旦精神防线垮塌，很容易在"爱好"上被人"绑架"，翻身落马。

补课与铺路

　　"一任领导一阵风，修路造楼走马灯。我到任时非前途，现任不喝前任羹。"任何领导都有上任的第一天，面对前任留下的蓝图，有些领导总是故意视而不见，"另起炉灶"重新起笔作画。在他们看来，接续前任的规划，实是为他人做嫁衣，干得好是他人的光彩，体现不了自己的业绩。而只有"创新"的动作才能凸显自己的能力和政绩，收获自己的政治资本，因此，前面的工作还没"消化"，新的布局已经铺开；原定的目标尚未"变现"，新的口号已经喊响。朝令夕改，一任一个号，各吹各的调。至于群众满意不满意，条件允许不允许，有无劳民伤财，有无失信于民，倒变得无关紧要了。这样的政绩观表面上是为民造福，实是投资自己的升迁之道。

　　习近平总书记反复强调："要有'功成不必在我'的境界，一张好的蓝图……要像接力赛一样，一棒一棒接着干下去。"[①] 也就是说，领导干部要想体现自己的扎实"画"功，就要"一张蓝图绘到底""一茬接着一茬干"，彻底剔除脑子里急功近利的政绩观，自始至终站在人民的角度，做好补课与铺路两大工作。

　　补课，就是补好前人的课，这是继往。要承认现实，好账、坏账都收，特别是其中的烂账、坏账，其产生有因，其发展有由。弄清其

---

① 《习近平谈治国理政》第二卷，外文出版社 2017 年版，第 146 页。

中的"因",弄明其间的"由",总结前人的经验与教训,只有好处、没有坏处。实践证明,善于学习前人经验的人,干起工作来常常会如虎添翼;善于汲取前人教训的人,常常能少走很多弯路。如果不去总结继承前人的经验,而是重新自搞一套,就如同把楼梯放平了,你永远是原地踏步,无法登楼;只有把楼梯竖起来,每一步都是在前一步的基础上往上走,才能到达新的高度。

铺路,就是铺好后人的路。一些周期长、见效慢,乃至需要几届班子的接力奋斗才能成功的基础性工作,往往更能为老百姓谋福利。领导干部要有"前人栽树,后人乘凉"的胸襟,更要有"绳锯木断,水滴石穿"的恒心,坚持以"小我"服从"大我",真正处理好长远利益、根本利益和个人抱负、个人利益的关系。大厦落成,你只是普普通通的一块奠基石;铁路通车,你只是默默无闻的一段枕木;青山绿水,你只是曾经的一名播种者;灯火辉煌,你只是过去的一名参与者……

与光鲜靓丽的"形象工程"、规模宏大的"政绩工程"相比,做一块基石,虽默默无闻又充满艰辛,但只要能真正为老百姓干成几件实事,与华而不实、哗众取宠挥手告别,即使青史不留名又有何妨?

领导话语体系下的双重标准

心理学有这样一个实验：给一名被试验人员充足的时间思考，要求他将一个简单的和一个繁重的任务分配给自己和另外一个人。最后的结果是，绝大多数人都将繁重的任务交给别人，把简单的任务留给自己。当问他这样做是否公平的时候，所有人都会讲出一套理由，并证明这是"很公平的"。

有意思的是，让第三个人来客观评价时，几乎所有的第三个人都认为这样的安排很不公平。我们不去分析这些人为什么没有孔融让梨的精神，把大梨给他人，把小梨留给自己。真正吸引我的是，为什么他们觉得这样是公平的？这是因为他们构建了一个自己的话语体系，在这个体系里，可以根据自己的需要建立符合自己利益的坚固的判断，并拥有自己的话语权。

如果这种现象仅限于个人，不去伤害他人，则无可厚非，亦无关痛痒。但如果一名领导干部构建了这样的话语体系，并以此去评价他人、要求他人、命令他人，这就成了习近平总书记讲的"在思想政治上，一些人信奉'马列主义对人，自由主义对己'"①的双重标准。

从哲学上讲，"标准"是客观事物所具有何种意义的一种参照物，是作为一种区分其他事物的中介。参照物的设置具有极强的主观意

① 中共中央文献研究室编：《习近平关于全面从严治党论述摘编》，中央文献出版社 2016 年版，第 28 页。

志，过高或过低都会有失偏颇，正直的人都会"叩其两端而竭焉"，中华文化一直倡导中庸之道，从某种意义上讲，就是在苦苦追寻一个合理的、科学的、适当的标准。

设定一个标准尚且不宜，而官员对同一客观事物，设定两个标准，真可谓谬之过及。两个标准，必有一高一低，而且高者必过高、低者必过低，不然就失去了设定双重标准的意义。如此一来，两个标准都不会是客观的、科学的、实事求是的，以如此之标准，无论去衡量人，或衡量己，亦都是不客观的、不科学的、不实事求是的。

我们党有很多优秀的干部，他们对自己严格要求，对他人和蔼宽容，用高标准来约束自己，用低标准去要求群众，让百姓爱戴，成时代楷模。但不可否认，也有很多领导干部，设置双重标准，目的是让自己享受权力，用权力保障自己为所欲为；而用高标准去要求他人，摆足领导的架子，体现自己的权威，满足自己指点江山的乐趣。

那么靠什么权力来确保领导干部落实他的"双重标准"？就是领导岗位给予他的"话语权"。

这种话语权对自己有很好的保护功能，群众对这样的领导无法提意见，因为用他的高标准来衡量，群众很多是不对的，你没权利提意见；同时用他的低标准来衡量，自己已经做得很好了，是群众不理解、不体谅。

这种话语权还有很强的攻击性。自己事事符合自己的低标准，事事都是对的、都是好的、都是完美的，站在一个道德的高地俯视，其他人都是不对的，是错的、残缺的甚至致命的。

有些领导干部还会将这种"双重标准"和"话语权"扩而大之，

把心腹、嫡系、身边人列入"自己"的范畴，借此来保护。同样一项工作，同样的汇报用语，自己人和非自己人汇报，一个会大受赞誉，一个被批得体无完肤，这就是典型的"双重标准"，这就是"小圈子""保护伞"的萌芽，若任其发展，必然会破坏政治生态。

杜绝领导干部自设的"双重标准"，关键还是要从领导干部的"三观"上下功夫：要少一些本位主义，多一点公平意识；少一些自我陶醉，多一点求真精神；少一些功利主义，多一点群众观念；少一些私心杂念，多一点公仆意识；少一些个人感觉，多一点百姓的获得感。唯有如此，"双重标准"的问题才能真正得到解决。

领导干部要慎用话语权，特别是在没有系统的调研、分析和研究之前，要少下定论、少定调子。要善于授予他人话语权，多让百姓来评价工作，多用实绩来评价下属。

最后回到开头的心理实验，被试验者若能客观评判两个人的能力、水平，以及与工作的适任程度，就能整合两个人的力量，合理安排工作量，合力做好两件工作，最终让旁观者来评价工作的效果，只有这样才是真正的领导之道。

自恋与格局

近日，中央要求全体党员开展党性分析，各级党组织迅速行动，多方征集意见，深入剖析存在问题，制定整改措施，不断提升党性修养，民主之风又兴。

由此，不禁想起数年前的某次民主生活会征求意见，有基层同志提出"机关部门之间存在推挡之事"，某主要领导当着众人面就给该同志打电话："到底是什么推挡之事？要把事情讲具体，不然叫我们怎么改？"隐隐听到电话那头传来一阵道歉之声："不好意思领导，可能是我没了解具体情况。"领导挂断电话，冷冷地哼了一声，露出不屑一顾和不耐烦的表情，四周传来一阵阵附和的讪笑声。久而久之，这个单位的政治生态可想而知。

分析这位领导的所作所为，从心理学角度解读，就是一种自恋。这种人之所以喜欢挑剔他人、否定他人、批评他人，根本问题是他自身的自恋问题。他们需要通过贬低别人来抬高自己、来证明自己、来维护自己的权威。特别是领导干部，由于所处位置的关系，身边阿谀奉承、歌功颂德者有之；卑躬屈膝、曲意逢迎者有之；奴颜婢膝者有之，这些人往往出于私利，不断地哄之、抬之、忽悠之，使领导干部逐渐对自我的认知产生了偏颇，内心深处无意识中的"我是对的""我比你强"的思想就会越来越严重。

于是，他们喜欢到处炫耀自己的能力和功绩，接受大家的赞颂。

而当遇到意见和建议时，就要通过打压别人的意志，来捍卫自己的绝对权威。这常常不再是现实需要，而是一种过度放大的自恋的需要。随着这种自恋的滋长，人就很容易被裹挟，其格局也就越来越小。

"格"是认知能力，"局"是资源关系。"格局"的本质就是能够把资源关系认识清楚，看得明白。修炼格局的首要之道，就是提升自我认知。

中央三令五申提出民主生活会，以及党性分析的各项要求，无非就是希望全党通过群众提、自己找、上级点、互相帮、集体议等方式，不断端正自我认知，强化自我认知，进而提升自我格局，提升国家治理能力。

然而有些领导干部，反而将这种机会作为强化和维护"自恋"的一个平台。从"群众提"中分析的不是自身存在的问题，而是发现哪些人是"异己者""刁民"；从"自己找"中搜寻的不是存在问题的根源，而是发生问题的客观理由；从"上级点"中琢磨的不是领导的良苦用心，而是分析领导的关注重点并充分加以利用；从"互相帮"中观察的不是同事的开诚布公，而是臆断其中可能存在的厚黑学。从"集体议"中研究的不是整改举措的有效性，而是推卸解决问题所需要承担的责任。这就是他想要的格局：他的单位就是他的王国，而他是最优秀的国王，其他人都不如他，如果谁敢指出单位中存在的问题，就是挑战他的权威、否定他的能力，这是决不允许的。虽然这种局面损害了单位的利益，却能极大地满足他的自恋。

这样的格局，造成的是心中无大局，做事不大气，以自我感觉为中心；眼界不开阔，不顾整体利益与长远利益，以自我利益为中心；

结交"小兄弟"、划定"小圈子",以自我权威为中心;长此以往,就容易导致《关于新形势下党内政治生活的若干准则》中提到的"理想信念不坚定、对党不忠诚、纪律松弛、脱离群众、独断专行、弄虚作假、庸懒无为""个人主义、分散主义、自由主义、好人主义、宗派主义、山头主义、拜金主义""形式主义、官僚主义、享乐主义和奢靡之风""任人唯亲、跑官要官、买官卖官、拉票贿选""滥用权力、贪污受贿、腐化堕落、违法乱纪""政治野心膨胀、权欲熏心,搞阳奉阴违、结党营私、团团伙伙、拉帮结派、谋取权位"等这些问题,从而破坏一个单位的民主氛围和政治生态,后果不可谓不严重。

大格局从小自我开始,只有珍惜身边的"刺"、警惕眼前的"花",领导干部才能带领群众走得更远、行得更稳,干更大的事、挑更重的担子。

葉細枝柔獨立難

憑風占檐橙花殘

唳唳打打攀闌乾

一朝葉落寶難堪

己亥春月 青雲

甘願孤寒風霜冷

寧在枝頭聽雪聲不去

百花爭俗態栖隨枯葉伴北風

己亥春月 青雲

微信中的上下级关系

这几年最火爆的玩意儿是什么呢？大概就是微信吧。聚会吃饭，总有些人不是先品尝美食，而是拿着手机从不同角度对美食拍拍拍，然后再美化美化发个朋友圈，吃饭的过程中也不是专注和身边朋友聊天，而是时不时翻翻手机，看有谁给自己点赞了。可以说，微信及朋友圈是当下每个智能手机使用者的标配。

现在，为了方便工作，不少的领导干部也都用上微信，这本是好事。互联网时代嘛，你不跟上，迟早就会被甩了。但身为领导干部，由于他的特殊身份，也生出许多让人哭笑不得的官场怪象来。

有的年轻人抱怨，自从领导加了自己的微信，感觉生活和工作仿佛再也分不开了。有些领导每天想一出是一出，经常在休息时间用微信发一些对工作的想法，还让年轻人要多思考。虽然领导说的是"思考"，但对于想要"上进"的年轻人来说，这就变成一项额外的工作。这些领导可能只是一时兴起，年轻人就要做出个差不多的可行方案。有的时候也许能推进工作，但是大部分时间只是在折腾人，回头就忘记了。有些领导呢，则是胡乱关心。觉得有了微信，可以看到单位年轻人的朋友圈，找到了解他们日常生活的窗口，每天看着人家的朋友圈胡思乱想。看到有朋友圈一直不发的，就怀疑是不是心理有问题了，还是对自己有意见，屏蔽了自己，要找来谈谈话。有的看到别人晒的生活习惯稍不合自己心意，就好为人师地

"点拨"几句，搞得很是尴尬。

还有年轻人抱怨，现在单位评价一个人的工作，感觉不是靠工作业绩，而是靠和领导的微信交流。有的单位建立了同事群，领导一在里面发言，其他同志就马上响应，响应得慢了，就是不给领导面子，不尊重领导。有些领导也很爱发朋友圈，朋友圈一发，单位里的人就要纷纷点赞、纷纷评论，哪怕发的朋友圈内容只是些无聊的转发。要是不点赞、不评论，就好像和领导的心不齐，思路不一样，是在唱反调。还有些年轻人干脆总结出"两个凡是"的"捷径"，凡是加班、忙工作，一定要发朋友圈；凡是放松、享受生活，一定要屏蔽领导；就算不是在加班、忙工作，也一定要体现自己是在上进、是在学习，这样就可以在单位树立一个热爱学习、追求进步的良好形象。

更有甚者，也是这两年三令五申禁止的一种现象，就是利用微信红包来行小恩惠，在受贿行贿的边缘游走。逢年过节，就打着拜年祝福的旗号，给领导发发红包。有些领导干部还有些掩耳盗铃的做法，在群里发个小红包，让大家分，然后在私下收还礼的大红包，美其名曰"礼尚往来""图个热闹"。

领导干部使用微信，一定要把握好其中的上下级关系。可以出于公心去关注青年人的思想动态、可以观察下级是不是有廉政风险，但是也要讲究交流、沟通的艺术。要尊重下属、同事的私人空间，尊重他人的休息时间，毕竟这是现代社会人与人交往必须遵守的法则。特别要注意自己身份可能给别人带来的压力、烦恼，要知道单位的内部和谐也是推动工作进步的动力之一。要时刻牢记自己手握权力的严肃性，在对一个人的工作业绩做出评价的时候，不只是作为普通人给自己的朋友、给个陌生人做出评价，而是在代表公权力给一个国家工作人员做出评价。片面地以微信互动、朋友圈展示出来的东西来评价干部，是对国家权力的不尊重。另外，也要提高警惕和保持廉洁之心。无论是朋友圈点赞这种心理贿赂还是实际的微信红包，都要自觉远离，不要在其中迷失心智。

领导，你能留下什么？

随着各地两会的陆续召开，紧锣密鼓的换届工作慢慢降下了帷幕，铁打的营盘流水的兵，干部有留有走，有进有出。进的自然要表态一番：信心、奉献、团结、努力，不负组织厚望；走的也要感悟一下：成就、遗憾、友谊、祝福，情到浓时，不禁潸然泪下。

其实百姓心中有杆秤，无论官员们如何自我评价。对有的干部，老百姓会由衷地伸出大拇指，为其辛勤付出点赞；也会对一些干部嗤之以鼻，埋怨其贻误了发展，甚至阻碍了发展。"政声人去后，民意闲谈中"，为官一任、治理一方，领导干部要有这种责任意识，要好好思考一下自己能为后人留下什么？为后人留下了什么？

2014 年 3 月，习近平总书记在河南兰考考察时就曾提出这个问题："焦裕禄同志给我们留下了那么多，我们能为后人留下些什么？"[1]焦裕禄同志在兰考工作只有一年多，但在群众心中铸就了一座永恒的丰碑，就是由于他"亲民爱民、艰苦奋斗、科学求实、迎难而上、无私奉献"的精神。

能为后人留下什么？是对自己的一种鞭策，就是要时刻告诫自己不能放松要求，始终牢记为人民服务的宗旨，驰而不息地尽职履责；为后人留下了什么？是对自己的一种客观总结，有的干部觉得自己一

---

① 《党员干部要把焦裕禄精神作为镜子》，《人民日报海外版》2014 年 3 月 19 日。

心想把工作做好，大胆创新，出了许多新招实招，也取得了较好的效果，但好不好、行不行、实不实都要群众说了算，而不能掩耳盗铃、自欺欺人。

每个干部在为政的每个阶段，都要好好思考是否留下些什么：单位的荣誉是否还在；工作中有没有"烂尾楼"；辖区的安全形势是否好转；百姓的生活是否有所改善，具体问题有多少得到了解决；自己带领的团队凝聚力、战斗力是否有所提升；等等。如今，有不少人，靠着能说会道会忽悠，来粉饰太平、装点成绩。然而，这都经不起时间的检验，经不起民心的检验。这种人，即便走得再远、爬得再高，依然是食民脂的蠹虫。

"留下什么"的关键是"做了什么"。一方面，要做符合单位发展的事，而不是符合个人发展的事。这两点的不同在于公与私的关系、用权于公和用权于私的关系。有的人以维护个人威望为最高出发点，以培植个人势力为工作目标，以满足向上级汇报的精彩程度为工作标准，单位如何得以发展？另一方面，要做符合群众意愿的事，而不是符合个人意愿的事。这两点的区别在于要换心思考，不能以自己的感觉为感觉，总觉得就自己对、就自己会，而别人都是不对的、没高度的、不会系统思考的。掌握话语权，并不意味着掌握了真理，置他人意见于不顾，一意孤行，如果这样只会众叛亲离。

"做了什么"的关键是"怎么做的"，"知行合一"是先人教导我们的方法。做到知行合一，首先要明主体，是"己知己行"，而非"己知他行"，己所不欲勿施于人，更不能有两套标准，分别待人。其次要有胸襟，无论是修身养性，还是服务为民，都要有气魄，能容人，能听进不同的意见和建议；能聚人，能用各种各样的人才；能纳人，能吸收对工作有益的意见；能敬人，无论处在什么岗位，无论面对何种对象，都要尊重人。最后要有效果，这个效果不是由身边的奉承者说了算，不是由远在天边的上级部门说了算，更不是由自己说了算，民意在民间，政声在政后，评价工作效果的主体应是最普通的群众，评价工作成效的标准应是时间和历史，只有认识到这一点，才会抛开自我，专心做事。

因此，领导干部要以"留下什么"来时时告诫自己，要作为、作好为；以"做些什么"来鞭策自己，不停息，不气馁；以"怎样做"来时时提醒自己，要保初心，勿浮躁，真心为民、尽心履职，干净做事，勿到走时空一身。

领导艺术的"真谛"

　　曾听过一个段子，大意是这样的：一个领导让下属去看看菜市场上都在卖什么菜，下属 A 二话不说就跑去菜市场列好了所有菜目的清单，而下属 B 则多留了个心眼，不仅了解菜市场在卖哪些菜，还对菜的价格、销量等做了详细的调查，最后，下属 B 获得了领导的青睐。像《把信送给加西亚》里所表达的一样，这也是在教大家如何做一个好下属，如何"创造性"地完成领导布置的任务，但在我看来却有不同感受：因为不了解领导意图，耿直的 A 估计是难以达到领导要求的，而 B 的面面俱到也势必造成资源的浪费，领导在布置任务时为何不能讲得更清楚些？

　　有朋友"提醒"说，当领导的自然不能把话说得太明白，要话说三分，留七分让下属去琢磨去领会，这才是领导艺术的"真谛"。摸不清你的心思，下属才会敬你、重你、怕你，对你毕恭毕敬，不敢有丝毫怠慢。从这个逻辑看，貌似还确有几番道理，但细思极恐，抱有如此心念的领导又怎么可能把队伍带好，把事业做好？

　　何谓"领导"？从字面意思来理解，"领"是带领，是率先垂范；"导"是引导、指导，给人以明确的方向。在大的原则问题上，领导要发挥带头示范作用，以身作则，但又不能事必躬亲、亲历亲为，对于具体的事务要态度明确，指令清晰，从全局着眼把好发展的方向。如此看来，习惯"话说三分"的干部确实不是称职的好干部。

概而论之，喜欢"话说三分"的干部大抵有三类，无能者不敢言，无责者不能言，无德者不愿言。

无能者不敢言。布置任务也好，做决策也罢，要想切中要害，保证切实可行，必须要有一定的知识储备和能力积累。若是对某方面的事务不了解而无计可施，也在所难免，毕竟人无完人，只要敢于主动学习、耻于下问，问题也可迎刃而解。不懂不足惧，怕就怕碍于面子，不懂装懂。为了掩饰自己的无知，面对下属的汇报含糊其辞，"话说三分"，点到为止。欲以其昏昏，使人昭昭，下属如何执行？怕是只能一头雾水，照猫画虎，画虎不成反类犬。

无责者不能言。领导，作为单位部门的第一负责人，在行使权力做出决策的同时，必然要承担决策可能带来的风险。好的领导应该有担当精神，为事业的发展勇挑重担。但若不愿承担责任，则必唯唯诺诺、畏首畏足，将"三不"奉为圭臬：不表态度、不留把柄、不担风险。遇事能推就推，能让就让，公共场合说话尽量模棱两可，不置可否。面对请示汇报，多是"我知道了""你们看着办"，若是再三催问态度，也只会顾左右而言他。有此领导，一事难成。

无德者不愿言。官德是为官之根本，为官在任若能以建设国家和人民福祉为己任，则必能从公共利益出发，敢言、能言、善言。但若以"官"为本，以"私"为要，就会挖空心思经营人身依附关系，助长溜须拍马之风，以显官威，以泄私欲。话说三分，故弄玄虚，故作神秘，让自己不可琢磨，无可触碰，飘飘乎立于高台之上，以便安然接受下属的阿谀奉承和顶礼膜拜。"三分"之言，也留出更多"变通"的空间，下属可以借此竭力巴结以显忠心。

如此的"领导艺术"，看似微不足道，长此以往则所害匪浅。于做事业而言，会增加猜忌内耗的成本，降低工作效率，严重者可能把事业带上遍布荆棘的歪路邪路；于带队伍而言，会损害正常的工作关系，增加同志之间的猜忌，更有甚者可能助长尔虞我诈、团团伙伙的坏风气。

不论是对无能者、无责者还是无德者而言，话说三分，貌似无关宏旨，不值得小题大做，但若见微知著，也不难发现如此行事已经代表一种倾向、一种态度，那就是个人利益优于团体利益，权力的天平已经开始失去平衡。此间的"艺术"依然不是艺术，不过是玩弄权术的小把戏，那些自鸣得意的领导可要警惕，如不及时遏止，这可能就是腐败的肇始。

又是一年中秋节

早上一进到办公室，桌上摆了几块包装比较简陋的酥饼。一问，原来是单位的几个女同事自己在家制作的，特意多做了一些拿到单位来分给大家。过了一会儿，又有两三个年轻人来请年假，打算将中秋节、年假加上国庆节的假期连起来，回北方老家和家人多团聚些日子。这才想起，原来又是一年中秋节将至了。

可是，怎么感觉好像还是少了些什么。思索一下，不禁笑了起来，原来是没听到些什么抱怨了，心里好像少了些担忧。

记得从 2012 年中央出台八项规定后，过去这几年，特别是刚开始那两年，好像一到中秋节这样大的节日，就会听到单位里的同事们一起回忆往昔，感叹今日。"过去中秋月饼都吃不完，只能扔了，老婆单位也发，爸妈单位也发"，"过节月饼票也能卖不少钱，也不知道中间的钱让谁赚走了"，"今年又什么都没有，中秋吃什么？"

同事们抱怨几句，可是做领导的就要进到心里。中秋节前，也往往成了特别忙、特别头疼的日子。担心一些同志走上错的路，看到一些福利单位不发了，就跑到社会上去要，去拿权力交换。就要既在内部搞节前廉政教育，三令五申强调底线意识、红线意识，又要关注些信访动态，还要让纪检干部们提起精神，注意可能的线索。还担心一些同志干事创业的积极性受到影响，抱着单位给多少待遇、干多少活儿的心态，消极怠工，更有甚者，干脆聚在一起说些不着调的话，还想和组织搞些对抗，到处传播些错误思想。这样一来，就既要在廉政纪律允许的范围内，搞些中秋活动活跃氛围，增强单位的凝聚力，也要集中做一批同志的思想工作。真可谓比本职工作还要忙多了，简直是变成了救火队长。

细想一下，其实这种变化，也有个过程。节日风气的转变，也不是个别机关单位自己管得严就能够起到作用的。根本上在于整个社会风气都在转变。不信去街上、去社交媒体上看看，现在真是看不到大酒店里卖的那些包装浮夸、标价惊人，又不知道是哪年做的月饼在卖了。连朋友圈里收月饼票的人都少了。现在流行的都是手工制作月饼，讲究的是原料健康、有人情味以及口味的独特。

改革开放 40 多年了，一部分中国人靠着勤劳这一刻在基因里的优良传统，富裕起来了。与此同时，思想意识的转变没有跟上，也就产生了一些不好的风气。那种人情至上的观念，遇上富足起来后鼓鼓的钱包、法治约束的不到位和重视节日的传统，中秋节、春节这种传统节日也就成了一个"腐节"。社会上的人借着这个机会给机关里的人送礼，机关的领导借着这个机会给下面的工作人员派发礼品，总之，似乎没有些月饼之类的礼品，这节就过不下去了。可是这正常么？这绝对不正常。那社会上的钱拿去创造更大的经济价值不是更好么？那机关的钱管起来，更好地回馈社会服务人民不是更好么？

所以现在回过头来看，中央八项规定的意义可不只是在于管住了党员干部，管住了机关单位，而是在于通过管住他们，转变了社会风气。我们党是有 9000 多万党员的大党，吃财政饭的人也有 4500 万左右，管住了一个人，其背后就是一个家庭，就是一个群体。这些人正了起来，习惯了朴素的生活方式，社会也就能够树立新风。

改革开放以来，我们国家逐渐富起来了，可是离强起来还有很长的路要走。整个国家、整个社会不能沉溺于"热钱""快钱"这样的泡沫中，一定要把以前积攒的财富用在刀刃上。我们党是带领中国人民走向富强的党，要多发挥带头作用，通过管好自己来为整个社会做出表率。

既"亲"而"清"方为上

古人云:"士农工商四民者,国之石民也。"士居首,因为"万般皆下品,唯有读书高",商人逐利,不事农桑,故在末位。但在市场经济和商品经济高度发达的今天,商人的地位和作用早已发生了根本性的变化。作为社会主义事业的共同建设者,官员和商人在经济发展和社会进步中都发挥了相当重要的作用,伴随角色的转变,政商关系也迎来了新常态。而习近平总书记在 2016 年全国两会期间用"亲"和"清"两字概括新型政商关系,为新形势下政商关系明确了共同遵循的要点。

《广雅》有谓:"亲"者,近也,是深植内心的诚挚情感。我们生活中常用"亲爱的"来称呼爱人、亲人,"亲"也是最简单的网络流行语。党的十八大以来,新一届中央领导集体非常注重"亲"的执政理念,对内走亲民路线,中央八项规定、群众路线教育实践活动、三严三实、"两学一做"学习教育,包括正在开展的"不忘初心、牢记使命"主题教育,持续开展自身作风建设,不断拉近与群众之间的距离。对外,坚持"亲诚惠容"外交理念,提出要"常见面,多走动",展现"亲和""亲善"形象。

何以亲,对领导干部来说,要做到三点:一是在感情上要亲近。要调节好心理状态,客观对待官员与企业家在收入待遇上的差距,不仇富,不仇商,不做盲目攀比。要打破"无奸不商,无商不奸"的思维定式，充分认识企业家在经济发展和社会进步中不可替代的作用，深刻理解企业家经营中的艰辛和不易，拉近彼此心的距离。二是在态度上要亲善。要综合协调好政府和市场的关系，多一些亲和的话语、亲切的笑容，多一些商量，少一些指令，更不能动辄斥责，"门难进、脸难看"，高高在上，官样十足。三是在工作中要亲为。"不躬不亲，庶民不信"，这是春秋时期管仲劝谏齐桓公带头戒奢时讲的话，对当今的领导干部同样有警示意义。不能当"甩手掌柜"，更不能"为官不为"，要走到企业中去，多倾听企业心声，结对帮扶走"亲"忙，为他们解决实际困难，才能真正取信于民、取信于商。

"三年清知府，十万雪花银。"升官发财是中国封建特权思想的余毒，无数贪腐官员就倒在了权力、金钱、美色的诱惑上。20 世纪 80 年代末，沿海兴起下海经商热潮，时任福建省宁德地委书记的习近平同志告诫官员：如果觉得当干部不合算，可以辞职去经商搞实业，但千万不要既想当官又想发财。担任总书记后，他又反复强调，"当官发财两条道，当官就不要发财，发财就不要当官"①。正所谓官有官道，商有商路，各行其道才能畅通平安。领导干部同企业家交往时，既要在感情上"亲"，也要在坚持原则上"清"，清清白白，两袖清风，真正做到"心中有党、心中有民、心中有责、心中有戒"。

单丝不成线，独木不成林。构建新型政商关系，同样离不开企业家的共同努力。现在有些企业家不愿同政府部门打交道，遇事绕着走，不按程序来，热衷于托关系，走后门，信奉错误生意经。比如，

① 《习近平谈治国理政》第二卷，外文出版社 2017 年版，第 148 页。

亲兄弟，不如权钱好关系，请吃喝，好酒好菜再 K 歌；勤进贡，违规经营没人动，庆功宴，皆大欢喜尽开颜；等等。如此心态和行为，与新型政商关系背道而驰。企业家要做到"君子爱财，取之有道"，遵纪守法办企业、光明正大搞经营，做爱国敬业、守法经营、创业创新、回报社会的典范，在实现中华民族伟大复兴中国梦的实践中谱写人生事业的华彩篇章。

君子之交淡若水，小人之交甘若醴；君子淡以亲，小人甘以绝。"亲"是讲感情，"清"是讲原则，"亲"为政商关系注入最强的正能量，"清"为更好维系"亲"提供必要的保障，是为了保持这份长久诚挚的情谊。"亲""清"相济相融，政商之道才会越来越宽敞，越走越畅快。

后　记

社会前进的旋律，需要各种元素的交响。文学，特别是杂文，始终在这个旋律中发出其独特的音律。

加入杂文队伍时间不长，从事基层党建却已多年。结合平时所见、所闻、所思、所想，特别是在全面从严治党的大形势下，眼见群众为反腐巨变拍手称快，也深感百姓对一些不良顽疾深恶痛绝，便尝试将一些体会通过不同的艺术形式表达出来。近年来，以漫画的形式创作了《廉镜漫笔——十八大以来党风廉政建设漫画解读》《画说全面从严治党》，通过群众喜闻乐见、雅俗共赏、寓教于乐的艺术形式来解读中央精神，分别由人民出版社、党建读物出版社出版发行，其中《廉镜漫笔——十八大以来党风廉政建设漫画解读》荣获中央组织部第四届全国党员教育培训教材展示交流活动优秀教材奖。2014 年创作的杂文集《清风云语》，充分运用了杂文短小、锋利、隽永的特点，形成了以事叙时、正言若反的风格，得到了广泛好评。

在不同艺术领域孜孜以求，让我乐在其中；社会各界对不同作品的纷纷点赞，更给予我不竭的动力。我在《清风云语》的基础上，进一步潜心学习习近平总书记系列重要讲话、反复征求各方意见，常常发愤忘食、夙夜匪懈，利用好 8 小时外的业余时间，记录整理每天的心得体会，不断积淀、不断翻新、不断推倒重来，力求有所突破。希望此书的出版，能给广大基层党员干部深切领会党中央关于全面从严治党各项要求，有所启示、有所感悟、有所收获。

在创作过程中，众多好友、同仁给了我丰富的知识养分和思想启迪，特别是何新、叶立源、徐以骅、陈学明、胡伟、陈坚发、吕禅、严晓鹏、郑凡奇、胡铁军、赵奕博、孔欢、汪晓琦、姚佳、刘雅文、周青燕、郁微微、胡启雷等，在此一并致以衷心的感谢！

由于本人水平所限，书中难免存在错误和不足之处，恳请广大读者批评指正。

赵青云

2019 年 12 月 16 日

责任编辑：孔　欢　刘江波　邓创业

责任校对：夏玉婵

封面设计：林芝玉

版式设计：严淑芬

图书在版编目（CIP）数据

青锋笔谈：话说全面从严治党／赵青云　著.—北京：人民出版社，

　2020.1（2020.7 重印）

ISBN 978－7－01－021663－8

I.①青…　II.①赵…　III.①中国共产党－党的建设－研究　IV.① D26

中国版本图书馆 CIP 数据核字（2020）第 002834 号

青锋笔谈

QINGFENG BITAN

——话说全面从严治党

赵青云　著

人民出版社 出版发行

（100706　北京市东城区隆福寺街 99 号）

中煤（北京）印务有限公司印刷　新华书店经销

2020 年 1 月第 1 版　2020 年 7 月北京第 2 次印刷

开本：787 毫米 ×1092 毫米 1/16　印张：9.25　插页：5

字数：113 千字　印数：10001－15000 册

ISBN 978－7－01－021663－8　定价：49.00 元

邮购地址 100706　北京市东城区隆福寺街 99 号

人民东方图书销售中心　电话（010）65250042　65289539